有料
更有趣的朝代史

4

三国鼎立

王光波　编著

浙江工商大學出版社
ZHEJIANG GONGSHANG UNIVERSITY PRESS
·杭州·

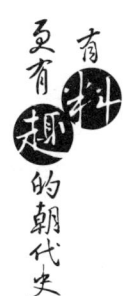

图书在版编目（CIP）数据

三国/王光波编著．—杭州：浙江工商大学出版社，2022.1（2024.1重印）

（有料更有趣的朝代史/胡岳雷主编）

ISBN 978-7-5178-3869-2

Ⅰ．①三… Ⅱ．①王… Ⅲ．①中国历史—三国时代—通俗读物 Ⅳ．① K236.09

中国版本图书馆 CIP 数据核字（2020）第 083085 号

三　国
SAN GUO

王光波　编著

责任编辑	陈力杨　张晶晶
责任校对	李远东
封面设计	吕丽梅
责任印制	包建辉
出版发行	浙江工商大学出版社 （杭州市教工路 198 号　邮政编码 310012） （E-mail: zjgsupress@163.com） （网址: http://www.zjgsupress.com） 电话：0571-88904980，88831806（传真）
排　　版	北京东方视点数据技术有限公司
印　　刷	唐山富达印务有限公司
开　　本	787mm×1092mm　1/32
印　　张	28
字　　数	532 千
版 印 次	2022 年 1 月第 1 版　2024 年 1 月第 3 次印刷
书　　号	ISBN 978-7-5178-3869-2
定　　价	198.00 元（全四册）

版权所有　侵权必究

如发现印装质量问题，影响阅读，请和营销与发行中心联系

联系电话　0571-88904970

目　录

第一章　汉中称王：这块肉我吃定了

先下手为强 _ 003

汉中的骚扰 _ 010

不平静的合肥 _ 017

我因伤疤而美丽 _ 026

汉中是个好地方 _ 033

定军山丢了 _ 039

一颗将星冉冉升起 _ 045

一身都是胆 _ 051

汉中谁来守 _ 058

天生我才是王爷 _ 063

第二章　败走麦城：出来混是要还的

老天爷都来帮忙 _ 071

我太有才了 _ 078

不晃悠的徐晃 _ 085

我是关羽我骄傲 _ 091

这回彻底栽了 _ 098

模糊的背影 _ 105

第三章　各自登位：再见吧汉朝

我爸爸的就是我的 _ 113

哥哥不爱我 _ 119

只有皇叔是正牌 _ 127

兄弟都死了，我也不想活了 _ 133

第四章　夷陵之战：一场游戏一场梦

为关羽报仇 _ 143

坚守是一种策略 _ 148

还是放火最好玩 _ 152

我把儿子交给你 _ 157

第五章　曹丕伐吴：去江南打打仗

小曹同志来了 _ 165

天在哪里 _ 171

不要跟我抢东吴 _ 176

七纵七擒收孟获 _ 181

第六章　孔明北伐：我要对得起刘先生

孟达才是关键 _ 187

我要我的中原 _ 192

马谡失街亭，孔明唱空城 _ 197

机会难得，再来一次 _ 204

先把陈仓围起来 _ 210

二郡到手 _ 215

第一章

汉中称王：这块肉我吃定了

先下手为强

刘备领益州牧后，曹操惊惧，不欲刘备坐大，因此，急忙率军亲征汉中，意欲切断刘备出益州的通道。其时，曹操军队为氐人所阻，而刘备进军江陵与孙权争夺荆州。建安二十年（公元215年）七月，曹操大军突破氐人堵塞达到阳平关，经过交战，张鲁投降，此时，刘备尚在江陵与孙权僵持，益州人心未稳，曹操本可趁此契机再进军益州，可是，曹操却盲目认为赤壁之战因为轻敌冒进致失败，息兵不前，从而错失良机。

刘备击败刘璋，取得益州后，曹操夙夜不安，他担心刘备凭仗益州天险，再攻破张鲁，取得汉中，从此难以收拾。张鲁无雄心壮志，守土不及，而汉中却是益州屏障，进军中原的唯一出口，这块军事险塞，曹操垂涎已久。如今刘备已经取得益州，若是再从张鲁手中得到汉中，则以刘备之能，遣良将驻守汉中，从益州内部调运兵马、粮草支援汉中，曹操便更难以有机会打败刘备，一统天下的愿望愈难实现。

曹操若是趁刘备整顿益州内政之机攻打汉中，那么以张鲁平庸之才智，又绝外援，定然难以抵挡。取得汉中，则掐住刘备出入的咽喉，刘备只能偏居于成都，更可进而作为夺取益州的前哨。先下手为强，曹操决定，亲率大军攻取汉中。

建安二十年（公元215年）七月，曹操大军突破氐人军队的阻击，抵达阳平关。阳平关地势险要，是关中和汉中盆地的门户，地理位置十分险要。

曹操率大军来攻，张鲁本想就此投降，但他的弟弟张卫不同意。张卫认为，投降曹操便得为曹操门下之臣，不投降曹操却是一方霸主，两者的差别何其巨大，况且如今尚未交战，胜负尚未可知，仅仅因惧怕曹操军队的声势就投降并不明智。张卫打算依托险要的阳平关固守，挡住曹操的攻击，曹操久战不下必然退去。

大兵压境，是战是降本就是难以抉择的问题，张鲁本人并没有太多主见，他听弟弟讲得在理，就同意了他的建议。于是，张鲁派出弟弟张卫及部将杨昂等人带领军队据守阳平关。张卫到达阳平关，略为观望地势，决定修筑城墙来防卫自己，他调遣军队沿着山势修筑了十多里长的城墙。

曹操在抵达阳平关前，曾询问过凉州从事及从武都投降过来的兵将，他们都告诉曹操，阳平城外的南、北两山相距甚远，无法防守，很容易被击败。曹操听了这些人的话，十分高兴，自己也觉得击败张鲁轻而易举。然而，曹操率领大军直达阳平关前时，曹操骑战马实地观察敌情，只见周边山势陡峻，而环山兴建的城墙极其坚固，明显是易守难攻之处，因此，曹操万分感慨"他人商度，少如人意"。

阳平事实上是极其险要之处，若要攻取，军队伤亡必大，但军队远途跋涉来到此处已如箭在弦上，不得不发。曹操略为休整便寻思攻破阳平关的良法，可久思不得。军队耗费，日用万金，现实不容许曹操再思考下去。一支令箭扔出营帐，攻击的口令响彻苍穹，曹操终于下令了。

身着铠甲的战士接连不断地往阳平山上冲锋，但是山势陡峻，难以攀登，张卫命令军队在山上往下射箭，且投放滚石，不断有士兵被敌军的乱箭或滚石所伤。一波数千军队冲锋，可能攻到城墙前的不到百人，此时早已精疲力竭，很快便被张卫的部下剿灭。曹军后又改变作战方式，派出小撮军队拿着盾牌吸引敌人，其他军队从侧面进击，但很快又被张卫手下士兵发现。

曹操攻打阳平关数日，可始终攻取不下，曹操属下士兵死伤很多，军粮也快用尽。曹操心情十分沮丧，他望着阳平关徒叹奈何，可惜士兵没有猿猴般矫健的身手，飞鸟般敏捷的翅膀，无法逾越阳平山。

一座小小的阳平关就此阻挡了曹操夺取汉中的攻势，此时，张卫隔着城墙望着关下因久战不下神情萎靡的曹操军队，心中窃喜。而张鲁在汉中，听闻张卫的报告也是欣慰不已，幸好听取了弟弟的意见，曹操连阳平关都攻取不下，数万铁骑踏不进阳平关薄薄的城墙之内，看来也不过如此。然而，张卫和张鲁笑得太早了，数天后，曹操终于奇迹般地啃下阳平关这根硬骨头，而他的下一个目标就是张鲁在汉中的府第，曹操要在张鲁在汉中的府第宴饮诸将。

关于曹操夺取下阳平关的历史记载，有两个不同的版本。

《三国志》中的记载是，曹操进攻阳平关久久不下，便领兵退回，敌人见大军撤退，因此撤出守备。而曹操便悄悄派遣解高祚等人利用险要地势在夜里发动袭击，大败敌军，斩杀张鲁的将领杨任，又进而进攻张卫，张卫等人趁夜逃跑。

《资治通鉴》中的记载却有点神乎其神的感觉，曹操攻打阳平关受挫，不得不沮丧地命令军队撤退，他命山上的士兵返回，谁知军队迷路来到了张卫的下属军营，张卫的士兵正因阻击曹操成功暗自得意，如今却见曹兵突然来到自己的军营之中，以为神兵天降，又不知曹军有多少人马攻入，吓得都逃走了。此时跟在军队后面的侍中辛毗、主簿刘晔等人见此情景，命令拿下敌人的据点。许褚等人开始还不相信，亲眼目睹后，便兴奋地回去报告了曹操。曹操正为大军撤回而感到伤心懊恼，如今听说这样的好消息，大喜过望，立即命令回撤的军队，后军变前军，重又杀向阳平关，张卫等人只得连夜逃走。

不管曹操是如《三国志》中的记载，施奇计攻破阳平关，还是如《资治通鉴》中的记载，回撤的山中前锋部队迷路误入张卫军营，使张卫部队受到惊吓，从而因该意外事件取得阳平关，总之，曹操胜利了。曹操大军突破阳平关阻碍，张卫溃逃，汉中唾手可得。

张鲁看到阳平关失陷，自觉再也无力阻挡曹操铁骑，便准备投降，他手下的谋士阎圃对他说：现在因为受到曹操军队的压力而被迫投降，一定没有什么功劳，不如逃往巴中，等待时机，再归顺不迟。张鲁认同了阎圃的说法，于是逃奔南山进入巴中。张鲁逃跑时，他的部下建议他烧毁汉中的全部宝物和仓库，张鲁没有同意，派人将府库都封存好以后才离开。曹操进入南郑后，对张鲁的做法非常赞赏，他觉得张鲁的行为有投诚的善意，因此派人前往安慰晓谕，稳住张鲁之心。

建安二十年（公元215年）十一月，张鲁从巴中率领残部投降，曹操借朝廷之名义，就将张鲁和他的五个儿子都封为列侯。张鲁盘踞汉中数年，自封汉宁郡王，曹操击败张鲁后，恢复汉宁郡为汉中郡，将安阳、西城设为西城郡，任命了郡太守，另又分出汉中郡的锡县、上庸县，设置都尉来管辖。

曹操在取得汉中后，丞相主簿司马懿向他建议："刘备以诈力虏刘璋，蜀人未附，而远争江陵，此机不可失也。今克汉中，益州震动，进兵临之，势必瓦解。圣人不能违时，亦不可失时也。"司马懿觉得，刘备靠奸诈劫持刘璋取得益州，蜀人还没有归附他，而刘备却远途跋涉去争夺江陵，现在，曹操军队刚攻克汉中，益州受到震动，趁着这样的好时机进攻益州，那么益州军队必将土崩瓦解，圣明的人不违背天时，曹操不能错过这样的好机会。

谋士刘晔也劝告曹操说：刘备虽然是个人才，但做事慢热。

他刚占据蜀地，百姓还不信服。而曹军刚刚拿下汉中，蜀人很受震撼。以您这样的英明才干，趁着益州军民崩溃之时率领大兵进军，一定能获得胜利。如果您迟延不决，放弃这次机会，就再也难以取得益州了。诸葛亮擅长为相治理国家，而关羽和张飞都是勇冠三军的杰出将领，蜀地人民安定之后，刘备派出将领据守险要之处，我们便难以进攻，而他们亦将成为我们的大患。对于司马懿和刘晔的建议，曹操的答复是"人苦无足，既得陇，复望蜀邪！"

曹操放弃司马懿和刘晔的好建议不用，却对大家说，人啊有个毛病，就是不知足，既然得到陇地，又想得到蜀地。此时的曹操，一派知足常乐的架势。大概是曹操赤壁之战受挫后将失败的原因归结为轻敌冒进，因而此次攻取汉中后，便只想先稳固汉中，此后再图谋益州。然而，曹操才说完这句话不久，他就后悔了。

在他取得汉中没几天，有部分人从蜀地跑来投降，他们描述蜀地人民在得悉曹操取得汉中时的情形："蜀中一日数十惊，守将虽斩之而不能安也。"曹操一听，原来蜀中一天发生数十次惊扰，守将以斩杀来弹压都无法使人民安定，这不正是司马懿和刘晔建议中所说的情形吗？因此，曹操觉得很是后悔，后悔当时没有听取司马懿和刘晔的正确建议，进军益州，否则，只怕益州也已是曹操的了。曹操一后悔，便想法补救，他找来刘晔，主动向刘晔咨询进攻益州事宜，刘晔答复曹操，现在蜀地已经初步安定，不能再行进攻。"今已小定，未可击也。"曹操攻打汉中良久，益州既不可取，又担心后方安定，于是撤军。曹操返回邺城前，任命夏侯渊为都护将军，率领张郃、徐晃等人守卫汉中，又任命丞相长史杜袭为驸马都尉，掌管汉中政务。

曹操行事，大开大合，带兵行军，果断决绝，然而却在取得汉中后立即进攻益州事件上稍为犹豫，拒绝了司马懿和刘晔的良好建议，从而为诸葛亮稳定益州民心留下时间，而刘备听闻曹操取得汉中，割舍荆州利益与孙权再行联盟，孙权在江东拖住曹操大批生力军。曹操失去取得益州的良好时机，从而使刘备得以在益州建立蜀国与其对抗，这是他一生中所犯的极大战略失误。

汉中的骚扰

曹操得到汉中,因为没有采纳司马懿和刘晔的建议,失去得到益州的良机。曹操心中懊恼,故而在回师邺城时,交代留守的夏侯渊、张郃等人巩固汉中,同时逐渐蚕食益州土地。曹操走后,张郃按照曹操的嘱咐不断带兵侵扰益州地界,攻打临近的巴西、巴中等地。而巴西郡因为防范相对薄弱,多次遭到张郃侵袭,巴西官吏不胜其扰,却又无可奈何。刘备在汉中接到巴西郡的报告,大为震怒,特意派遣猛将张飞担任巴西郡太守,在前线抵御张郃的进击,威慑汉中。

汉献帝建安二十年(公元215年)的一天清晨,一万大军浩浩荡荡地开出成都门外,当前一员大将就是张飞。张飞此次担任巴西郡太守之职,承担着抵御张郃的重任,临行前,刘备特意设宴为他践行。张飞知道,对手是平马超、灭张鲁的名将张郃及关中的精悍铁骑,这个任务并不好接,可是他却没有多想，只因为他是张飞。

此时的汉中，张郃正领着三万大军再次进发巴西郡。张郃这次的目的，不是攻打巴西的刘备军队，因为刘备的军队战败战死还能补充兵力，而如果把巴西郡的百姓全给迁到汉中，那么刘备则无法补充兵员。

东汉末年，诸侯征战，军队伤亡相当严重，一批军队打光了就再从百姓中拉壮丁。因此，百姓就是储备的军队。此外，军队作战，需要粮草，需要粮饷，需要作战兵器和装备，这些都从百姓身上来。百姓生产，缴纳赋税，供给粮草，补给兵力。所以，人口就是生产力，人口就是财富。张郃要将巴西郡的百姓都迁到汉中，就是为了刘备无兵力补充，无粮草供给，刘备自然无法再守住巴西郡。相反，汉中却能因为平添了众多人口，实力大增，增加对刘备的作战砝码。

张郃要迁移巴西郡的百姓，当地的百姓自然不会乐意背弃自己长久生活的土地前往遥远的他乡，奔波流离。张郃先派出士兵虚构一番在汉中的美好生活，再长矛加身，用"胡萝卜加大棒"的手法，将一批批百姓迁出祖居之地。巴西郡的百姓尽管知道所谓的汉中美好生活只是沙漠中的海市蜃楼，可迫于强权，只能哭丧着脸，卷起包袱跟着张郃的军队走。于是，在巴西郡的道路上，出现了这样一幕奇怪而又悲惨的情形，一大批骑兵和步兵押着大群衣衫褴褛、老幼相互扶持的百姓向汉中进发。

张郃迁移百姓到汉中的消息传到刚刚赴任的张飞耳朵里，

张飞大惊，他知道，百姓就是一切，决不能让张郃带走百姓，因此，张飞决定率兵拦截。张郃率领军队押着百姓，经过宕渠、蒙头等地，张飞则带着军队抄近路拦截。张郃的部队中混杂了大批百姓，因此前进缓慢，张飞前锋部队很快便碰到张郃部队，双方经过几次小的交战，张郃且战且退。最后，在宕渠，张郃自觉如不打败张飞，难以将巴西郡百姓带回汉中，便下令扎下营寨，与张飞对峙。

张飞久闻张郃之名，因此，特意到张郃阵前叫战，张郃亦不惧张飞威名，跨马直至阵前，双方大战。张郃知张飞勇力，凭借灵巧的身势与招数抵挡张飞，两人从日中打到黄昏，数十回合，难分胜负，只得各自鸣金收兵。

张郃其人，熟读兵法，于排兵布阵一途非常精通，张飞自和张郃单斗后，自觉凭勇力短时间难取张郃性命，因此转到营前观察，希望能发觉张郃阵势的破绽，然而，长久没有找到。张飞苦苦思索，企图从其他途径获得打败张郃的办法，终于又想到一条计策，不由心中窃喜。

第二日，张飞再次率领部分士兵来向张郃挑战，张郃坚守营门不出，张飞无奈，从士兵中挑选出几名嗓音嘹亮，善于口角之人，在张郃营前骂战，将张郃羞辱得体无完肤。张郃纵是耐心再好，也不免听得心头火起，于是披上盔甲，拿起武器，跨上战马，带着数员将校并一干士兵前去迎战。张郃到了阵前，仔细观察张飞所带人马，只见张飞属下不过千余人，心中不觉起疑。

张飞见到张郃终于出战，心中暗暗得意，表面上却不动声色，嘴上大骂张郃。张郃听了张飞的话，打消了心中疑虑，只以为张飞自恃威名，骄傲轻敌，无视于他，所以仅带千余人马前来挑战，顿时一股怒火从喉咙直冒到头顶，右手往后一招，带领军队掩杀过来，张飞也大喊一声，挥舞着长矛，一拍战马，迎向张郃。

一场混战开始，双方交战不到十回合，张飞假装被张郃兵器所伤，大叫一声回马便走，其部下兵种见主帅撤退也跟着往后跑。张郃正打得兴起，又见张飞兵少，已存有一举歼灭来敌之心，如今见张飞受伤，也无从考究，拍马便追。张飞假装受伤逃跑，而他早已暗中嘱托的副将数人则从一条隐蔽的小道率领主要兵力前去劫营，张郃因生邀功之心，不曾细究张飞逃跑是否有诈，只管往前追击，可张郃身后的小兵却走得慢，有人偶然回头，看见后方招展的刘备军旗，大喊劫营，在后边的校尉一听，快马加鞭，直追张郃，在张郃背后大叫。张郃一听，猛然警醒，再也不管张飞，掉转马头便往后方营寨跑。

此时，张飞手下副将正带领主力部队攻打留守兵薄弱的张郃营寨，还好，张郃回军的速度快，又是一番混战，张飞手下的部队终究因为人数少于张郃部队，伤亡较多，便行撤兵了。张郃在这次战斗中，差点就被张飞劫营成功，手下伤亡人数亦是不少，不由心中暗暗叹服，张翼德不仅有勇力，谋略也很是突出，实在是平生劲敌。

后来，张郃见瓦口关地势险要，易守难攻，便在瓦口关扎下营寨，设置栅栏，安排警卫，部署得十分严密。张飞再行挑战，张郃置之不顾。张飞见挑战不成，又想重施故伎，派出数十士兵整天在营前辱骂张郃，张郃不胜其烦，便也选派数十士兵在营寨中辱骂张飞。

本来张郃的兵力多于张飞，大可以与张飞一战，只是部队中夹杂百姓太多，无法充分发挥士兵的威力，还得分心他顾，又怕张飞派出精锐轻骑冲击惊扰百姓，反而会乱了自己阵脚，因此不得扎下牢固营寨与张飞对峙，同时等待汉中的援兵。然而，就在对峙期间，刘备从成都发出指令不断派出各地军队补充张飞兵力，张郃只得固守瓦口关。

张飞不断派出军队冲击瓦口关，但都由于地势陡峭，被敌军杀回。张郃命令士兵广置滚石等物，张飞属下士兵还未能到达山腰，就被滚石砸伤砸死。张飞见军队死伤惨重，仍难以攻下瓦口关，便勒令不战，只是将张郃牢牢围困。双方就这样保持对峙的状态五十余日。

张郃久居瓦口关，部队及挟持的百姓需要的食物，短期内还可保障，可被困五十余日后，渐感不支。张郃左思右想，只有突围还有一丝活路。因此张郃在瓦口关暗中考察当地地势数天后，决定引诱张飞入伏。

在瓦口关前不远有座狭窄的山谷，谷中道路不容大批兵马同时通过，张郃决定，调遣军队，将张飞引诱到山谷狭窄的道路中，然后让埋伏在山谷两侧的士兵一齐发动，从而消灭张飞突出重围。张郃主意打定，便派出使者邀张飞于后日决战。张郃的如意算盘打得很精，可不想张飞比他更为熟知当地地势。张飞见到瓦口关中的张郃军队在收拾装备，隐然有离去之意，心中便觉奇怪，这时又受到张郃使者送来的决战书，更是起疑。张飞找来地图，观望良久，嘴角泛起一丝诡异的笑容。

交战的时刻到了，张郃带领部分军队且战且退，逐渐将张飞部队引向狭窄的山谷。张郃进入山谷中，心中窃喜。可是张郃过于得意了，又一心只想着怎么装得更像，从而将张飞部队引入山谷，以致于他忽略了一点，张飞悄悄地带领士兵离开了追击的部队，而剩余的军队追到山谷只是鼓噪，却并不进入。

张郃在山谷中喘着粗气，正准备收网，然而回过头一看，他惊呆了，张飞的部队还在谷口。这时只听得杀声震天，山谷两侧突然涌出不少旗帜，上面绣着醒目的张飞两字，兵器碰撞的声音响起，然后不少张郃的士兵从山谷两侧掉下，这时，从山谷中的斜插的一条小路走出一队人马来，当先之人却是笑容满面的张飞。

原来，张飞算准张郃在山谷中埋伏，因此事先部署属下士兵从一条僻静的小路，插到山谷两侧，届时出其不意地攻打张郃埋伏的士兵，而又有一支部队把守住谷口，就等着张郃上钩。张郃猛然惊醒，原来他作茧自缚，被围困在山谷之中。眼看就有几员战将冲到面前，张郃猛挥马鞭向前逃窜，幸好山谷比较漫长，让张郃得到逃跑的机会，然而再长的山谷也有尽头，眼看前方无路可走，张郃长叹一声。还是张郃麾下一员小将眼尖，看到旁边侧壁可供攀援，于是，张郃弃马爬山，和部下十几人沿着幽径小道退走。

瓦口关之战，张飞打败张郃，《三国志》记载"郃弃马缘山，独与麾下十余人从间道退，引军还南郑，巴土获安"。张郃退回南郑，他迁徙巴西郡百姓到汉中的计划破产，巴西郡获得安定。然而，汉中恰似益州的咽喉，曹操占据汉中，仍然图谋益州，刘备获得益州，亦不安于曹操掐住咽喉，这注定是场难以终结的战争，曹操与刘备的下一场交战即将开始。

不平静的合肥

军事上,战略要地是兵家必争之处。合肥南北都靠江,是巢湖的门户,曹操可随时从此处调集水陆军队攻击江东,对建业构成严重威胁。从曹操的角度来说,此处是南征孙权的重要前哨,不容失去。而从孙权的角度来说,若取得合肥,既可消除曹操对建业的直接威胁,又可将其作为北伐的集结地。因此,双方为争夺合肥展开近五十年的漫长战争。就在此处,张辽以区区七千之众抵挡孙权十万大军,威震逍遥津。

赤壁之战后,曹操集团和孙吴集团并非完全划江而治,孙吴集团亦占有不少江北的土地。如孙权在濡须口建立军事据点。合肥和孙权的濡须口中间只有巢湖。曹操占据合肥,可以一边在合肥屯田戍边,一边自淮河调集水军至巢湖集结然后行经濡须口沿长江攻打江东。正因为合肥离孙权的领地如此之近,孙权时时感到曹操的威胁,不得不在濡须口沿岸驻扎重兵防守。

此外，对于孙权来说，合肥是孙权北上的必经之处，孙权要想往北扩展领土，攻取徐扬，就得突破合肥对自己的钳制。

汉献帝建安十三年（公元208年），曹操刚于赤壁之战中败退，孙权就派周瑜攻打江陵，自己却亲自率领大军攻打合肥。当时守卫合肥的是扬州太守刘馥，合肥城经过数月的攻击，又接连下雨，城墙即将崩塌，刘馥眼看合肥难守，便施巧计，派守将带着张喜率四万援军到来的信出城再进城，并故意被孙权部下擒获，孙权看到信，以为曹操派来的救兵真的赶到，便就此撤退。

汉献帝建安二十年（公元215年），曹操亲征张鲁，合肥防备空虚，而刘备担心益州安危，割弃荆州数郡与孙权言和。孙权不用再与刘备作战，便想趁着曹操西征，无暇东顾的良好时机取得合肥。八月，孙权率领十万大军第二次攻打合肥。

孙权第一次带兵攻打合肥时，就因为久攻不下，颇感烦恼。若不取合肥，则无以北上，难遂争雄天下之心，孙权一想到这，就心中急躁，打算率领轻骑亲自突击敌人。但是张纮劝诫他说："夫兵者凶器，战者危事也。今麾下恃盛壮之气，忽强暴之虏，三军之众，莫不寒心。虽斩将搴旗，威震敌场，此乃偏将之任，非主将之宜也。愿抑贲、育之勇，怀霸王之计。"张纮认为，战争是件危险的事，主公亲自领兵攻击，虽然可能威慑敌人，但风险实在太大。孙权应该居中指挥，以安军心，而不应以身涉险，因此，希望孙权能够抑制心中的豪勇之气，而秉着霸王的计谋来争夺天下。孙权听了张纮的劝告，才打消亲自突击的想法。

在第一次合肥之战中，孙权竟然不顾主公的身份准备亲身涉险，突击敌人，后来虽然听取张纮的建议，打消突击的想法，却也反映出孙权想要取得合肥的急迫心情是何等地强烈。此次，曹操主力讨伐张鲁，夺取汉中，孙权趁良机欲图合肥，更是出动几乎倾国之兵，十万大军直指合肥，天下震动。

建安十九年（公元214年），曹操在南征孙权时，被阻濡须口，回师邺城时留下张辽、李典、乐进等人带领七千余士兵防守合肥。此次，孙权率十万大军攻打合肥，而曹操主力遥在千里之外的蜀地夺取汉中，中原防备空虚，合肥可谓绝无外援。而张辽等人却要依靠区区七千余人，对抗孙权十万大军，兵力比约为一比十四。七千余人对抗十万人，如果要硬碰硬，这真的是以卵击石。

孙权的十万大军，声势浩荡，其前锋部队很快便到达合肥城下，从城墙上望去，只见锦旗蔽天，战甲如云，长矛如林，营帐连绵不绝。合肥城中顿时弥漫起一股恐慌的气息，百姓在街头相会，首先讨论的就是合肥是否可保。合肥守将李典、乐进等人也是心中焦急，不知道以七千余人对十万大军的仗该如何打，这几乎是必败的一场战争。

然而，李典等人还没有完全绝望，因为护军薛悌想到合肥还有一件秘密武器，这件秘密武器就是曹操的一封手谕。曹操在征讨张鲁时，预料到孙权可能会派兵攻打合肥，因而交给薛悌一封手谕。这封手谕甚是神秘，它的封袋边上写着四个大字

"贼至乃发",只有等到敌人来到时才能打开。李典、乐进、薛悌、张辽等人经过讨论,觉得曹操如此慎重地将手谕交给薛悌,一定有退兵良谋,心中略微安定。然而,等到拆开手谕看后,李典等人顿时面面相觑,大眼瞪小眼,脸上写满惊疑。

曹操的手谕上写着"若孙权至者,张、李将军出战;乐将军守,护军勿得与战。"李典等人本来对曹操的手谕充满希望,如今一看,只是写明:"孙权来到时,让张辽、李典两位将军出去迎战,乐进将军守城,护军薛悌不许参战。"本来,敌军的数量就是我军的数倍,不去出战,能期望守住城便算不错了,如今,还指定让张辽、李典主动迎战,这不是羊入虎口吗,算哪门子的守城良法。

就在李典、乐进、薛悌认为敌众我寡,对曹操手谕表示质疑时,张辽勇敢而又坚定地站了出来。张辽对曹操看似荒谬的手谕做出了一番个人的合理解释"公远征在外,比救至,彼破我必矣。是以教指及其未合逆击之,折其盛势,以安众心,然后可守也"。

张辽认为,曹操远征在外,如果合肥城只是闭门不战,等待救兵来援,则救兵还未到,敌人都已经攻破城池了。而手谕指示我和李典将军迎战,是让我们在敌人还没有集合前迎头痛击他们,挫败他们的锐气,从而安定我军的军心,只有这样才能守住城池。曹操看似荒谬的手谕经过张辽的一番解释,霎时变得合乎情理。

张辽虽然说得热血激昂,可是李典等人并不回应。张辽的这一套说辞，哄哄小兵还可以。主动迎击，挫敌锐气，说得好听，可是该采取什么样的措施来挫败敌人呢？在张辽没拿出实际性的措施前，李典等人不愿表态。张辽见到李典等人不表态，只以为乐进等人因与他一向不和睦，故而不愿跟从他出战，于是加大声音，严厉地吼道："成败之机，在此一战，诸君何疑？"李典等人仍没有实质性的表示，只是用目光望着张辽。张辽顿觉胸中热血沸腾，烧得周身火辣辣的痛，气愤地说若还有疑问，将独自出战，以决胜负！

素与张辽不睦的李典，听完张辽的话，却并未以个人恩怨损害国家利益。他凝视着张辽深邃坚定的双眼，表示愿意跟随张辽力战。李典表态完毕，乐进、薛悌也表示赞同张辽的意见。四人决定同心协力，牢牢守卫住合肥。头可断，血可流，然而只要一腔豪气仍在，合肥决不能丢！合肥城中，四双粗犷的大手紧紧握在一起。

就在张辽鼓舞起李典等人与孙权作战的勇气之时，孙权正在合肥城下，看着高耸的城墙，他正暗中得意，绝对没有想到，合肥城中七千余兵力，守城尚且困难，而第二天张辽竟然敢来偷袭。

当夜，张辽募集敢于追随他出击孙权的士兵八百人，杀牛设宴犒劳将士，准备第二天大战。次日清晨，天刚蒙蒙亮，张辽便起身带领八百死士准备出击。他穿上铠甲，手持战戟，身先士卒直冲入孙权阵中，此时，孙权属下士兵尚未集结，张辽左突右杀，冲锋陷阵，显得勇猛异常。而孙权属下部队，未料到张辽竟敢攻营，准备仓促，被张辽杀死数十士兵，斩杀两员大将。

张辽武艺高超，又存威慑孙权之心，因而大喊着"我是张辽"，猛拍胯下战马，直取孙权中军。沿途拦截将士不是被张辽战戟戳伤，便是被他戳死，又担心张辽胯下战马践踏，纷纷闪避，最后，张辽冲破孙权扎下的数重营垒，直杀到孙权的大旗之下。孙权眼见一员大将，威风凛凛，挥舞战戟，迅猛地朝自己冲来，而属下将士无人敢挡，惊慌失措，吓得冷汗直冒，连忙退上一座高山，凭高固守，而孙权周围的卫士及护军将领则手持长戟、刀剑等各种兵器将孙权团团围住。张辽在山丘下高呼孙权与其一战，其声如洪雷，孙权吓得不敢动弹。

经过短暂修整后，孙权在山丘上看到张辽所带人马并不多，于是安下心来，传出命令将张辽重重围困。张辽眼见要被包围活捉，连忙指挥左右将士突围，厮杀片刻，便已冲破孙权的包围圈。张辽冲出重围后，环顾四周，跟随自己的仅几十人，而其余的部下仍在孙权的包围圈中，略微皱起了眉头。被孙权包围的张辽部下眼见张辽突围而出，大声疾呼"将军弃我乎"。张辽于是又返身杀回，再度突围，救出其余的战士。

张辽突袭孙权，战斗一直从清晨打到中午，张辽威风八面，而孙权属下"人马皆披靡，无敢当者"，江东的士兵都丧失了斗志，张辽才重新回城，部署守城事宜，合肥城中因此一战，人心安定，李典等人对张辽万分佩服。

孙权包围合肥十余天，无法攻下，又因为时发瘟疫，士兵伤亡惨重，决定撤军返回。孙权属下部队按照孙权的命令先后退走，而孙权与吕蒙、凌统、甘宁等人率近卫军千余人，在合肥东边的逍遥津北岸召开军事会议。

张辽以八百士卒突袭孙权大营，横冲直撞，左挡右杀，如入无人之境，张辽第一次突袭成功，可归结为孙权的轻敌。孙权此次在逍遥津北岸召开军事会议，显然还是没有吸取轻敌的教训。军队主力撤走，身为主帅，却未意识到善后问题，仅留千余卫士护守，这是孙权的又一失误。很快，孙权将为他的再次轻敌付出更为沉重的代价。

张辽在合肥探听到孙权仅带领千余卫士停留在逍遥津北的消息，十分兴奋，立即带领步、骑兵直杀过去，准备活捉孙权。张辽带领部队还未到孙权面前，孙权就已经听到震耳欲聋的喊杀声，看到战马疾驰激起的漫天扬尘。孙权见势不妙，急忙命令卫队速追前方撤退的军队，然而实在是相距太远，已追赶不上。

孙权赶不上前方撤走的主力军队，而张辽却带领部队追杀过来，形势可谓相当紧急。甘宁与吕蒙奋力抵抗，浴血奋战。在激战中，将军陈武战死，而宋谦、徐盛等部等退却，眼看近卫军溃不成军，孙权就要被张辽擒获。幸好潘璋带领部队驻扎在后，他策马直冲向前，横马当道，亲手杀死宋谦、徐盛部下两个逃跑的兵士，士兵们才又往回跑去参加战斗。甘宁等人在前方抵挡张辽的追杀部队，而凌统则带领亲兵扶着孙权跌跌撞撞地冲出包围。

凌统见孙权暂时已无危险，怕甘宁等人抵挡不住张辽追击，又杀回重围与张辽奋战，他身边的战士全都战死，而凌统自己也身负多处创伤。凌统战到最后，估计孙权再无危险才退回。孙权乘着骏马狼狈不堪逃到逍遥津桥上，却见桥南部的桥板已被敌军毁坏，有一丈多宽是空荡荡的。孙权自觉难以渡过。当时亲近监谷利在孙权马后，他让孙权抓住马鞍，放松缰绳，他在后面用鞭猛烈地击打骏马，加强马的威势，这才飞跃过去。

贺齐率领三千人在逍遥津南岸迎接住孙权，孙权方得幸免于难。贺齐在设宴为孙权压惊之时，从席间走出，哭着对孙权说"至尊人主，常当持重，今日之事，几致祝败。群下震怖，若无天地，愿以此为终身之诫！"

合肥一战，是张辽一生中的巅峰之战，在这场战争中，张辽冷静果断、勇猛刚毅、谋略突出的特点全都凸显出来。面对孙权率十万大军攻城的紧迫形势，张辽没有像他人一样慌乱，他保持着镇定，因此才能看出曹操手谕中的不平常之处。而面对李典等将的怀疑，张辽以情动之，显示出他的果断刚毅。在对曹操手谕的执行上，张辽第一次突袭率八百士卒横扫孙权军营，纵横无敌，将孙权全军的斗志都给压了下去，第一次突袭如同给整座合肥城的军民打下了一针强心剂，稳住合肥军民之心。正因为张辽第一次突袭的成功，才使合肥军民获得极大的信心与勇气坚守城池十余日，而孙权最后不得不撤走。孙权撤走也就罢了，张辽却再次显示了他的勇猛与谋略，第二次突袭孙权，几擒孙权，群下人人震怖，拼死奋战，才保住孙权性命。

孙权狼狈奔逃，张辽威震逍遥津。曹操后来再次南征孙权时，经过合肥，重走张辽当年抗敌之路，每至一处，都叹息良久。曹丕在后来追念张辽、李典战功的诏书中也写道"合肥之役，辽、典以步卒八百，破贼十万"。孙权的第二次合肥之战，以败退告终，张辽的英勇在其心中留下长久的梦魇，当多年后张辽抱病随曹丕南征时，孙权依然忌惮，告知诸将"张辽虽病，不可当之，慎之"。

率领十万大军攻打合肥时，孙权可谓志在必得，却败在张辽手中。曹操主力西征张鲁，孙权却没有在如此良机下夺得合肥。此后，曹操主力回师，加大对合肥的驻防兵力，双方又发动过三次战争，孙权始终被牵制在合肥南部一线，不能遂北上之愿，实在令人叹息。

我因伤疤而美丽

在讲究门第高低的东汉末年，人的出身对前途发展有着莫大的关系，一般而言，出身名门者则身居高位，出身贫贱者若无出众之才干则难以升迁。在江东，却有一名出身草莽的好汉，凭借满身伤疤，赢得孙权信任，被委以重任，官至奋威将军、陵阳侯、平虏将军。他就是周泰。

周泰此人，字幼平，九江郡下蔡县（今安徽凤台县城关镇）人氏。周泰虽长在小桥流水的江南，却勇猛无比，颇有北方壮士的作风。周泰原来是孙策部下，随蒋钦一起随从孙策左右，据《三国志》记载，周泰在孙策属下时，"服事恭敬，数战有功"。周泰服侍孙策极为恭敬，说明其心思细腻，深明礼数，忠于主公。更难得的是，周泰在多次战斗中表现英勇，杀敌立功。对于这样一个既忠诚上级，又作战勇猛的人，孙策是要犒赏的。因此，孙策在进入会稽后，任命周泰为别部司马，并调拨不少兵士交给他带领。孙权随从其兄孙策征战沙场,亲眼见到周泰种种优秀品质,喜欢他的为人,便起了惜才之心,向哥哥请求将周泰调拨到自己部下指挥。周泰从此就从属于孙权,追随他四处作战。

周泰是孙权看中的一块金子,周泰跟随孙权后,仍保持着坚贞与勇猛的本色。而周泰不久也向孙权证明了,是金子无论跟随哪位主人都会闪光的。在孙权讨伐山越的一次战斗中,周泰这块金子救了孙权的性命。

孙策在率领军队攻打六县叛乱的山越人时,孙权驻扎在宣城,而他身边随从保卫的卫士还不到千人,但是年轻的孙权当时却缺乏军事觉悟,思想上相当麻痹。孙权既没有命令士兵建造防御设施,又没有警告士兵注意防护。孙权丝毫没有意识到,山越人叛乱,乱兵随时可能冲到他面前。

孙权既不建造防御设施,又不警告士兵注意防护,这就给了乱兵可乘之机。当孙权还在居室悠闲地品茶晒太阳时,数千叛乱者突然间就冲到了。

数千叛乱者挥舞着刀、剑、戟、矛等各色武器,凶神恶煞地喊杀着突然冲过来,这样的景象是十分恐怖的。更何况,孙权和属下士兵毫无准备。孙权刚从慌乱中醒过神,想起骑上马准备作战、下令士兵抵御时,却看到一副令他难以忘怀的景象。凶悍的山越叛乱者将各色兵器往他惊慌失措的属下们身上招呼,而那些可怜的士兵们不少都已伤痕累累,迸出的鲜血跃出数抹惨烈的红。

士兵受伤后的惨叫声和垂死的呻吟声以及山越叛乱者的狂笑声混杂在一起，充斥了宣城的天空。由于受到突然袭击被惊吓的士兵们拥挤在孙权的周围，不知所措，消极地举起兵器阻挡着山越叛乱者的狂暴攻击。而那些山越人肆意挥舞的乱刀甚至砍中孙权的马鞍，战马嘶鸣。就在大家都惊惶不定的局面，一个人坚定地站了出来，周泰挺身而出，吼叫着向山越人扑去。

周泰架住向孙权袭来的诸多兵器，不顾身上刚中的矛伤，奋力一扭身子，长刀划出一道寒光，削下当前山越小头目的人头，接着灌注全身的力量在长刀上，挥舞长刀迎向向他攻来的十余件兵器，进而一顿脚步，大叫一声，将长刀往前一送，身子随着向前趋出，而七八个山越叛乱者应声而倒。

宣城的这次战斗，注定周泰一个人是主角，他的英勇，他的奋不顾身激发起孙权属下残余所有士兵的信心与战斗的勇气。于是，所有士兵喊叫着如同野兽般扑向山越叛兵，厮杀声响彻街巷。山越叛兵愣住了，他们没有想到，不久前还如同猫咪般蜷伏龟缩的懦夫们，如今却疯狂地、不要命地扑向他们。

数百人对数千人，这本是次敌众我寡的战斗，只有勇气和信念才有可能支撑孙权一方打赢战斗，而周泰的毅力与勇气，他的顽强不屈的精神赋予整个孙权兵团以活力和生机。最终，山越叛兵精疲力竭退走，浑身浴血，勉力用兵器拄地支撑着自己不倒下的周泰，唇角绽放出一丝胜利的喜悦，然后轰然倒地。

宣城一战，周泰身披十二处创伤，昏迷良久方醒。而此次战斗，孙权心中因周泰种下无比的感激之情。如果不是周泰，

孙权很有可能有性命之忧。周泰救了孙权一命。

周泰的奋不顾身换得了回报，孙策为了感谢周泰拼死保护其弟免遭不幸，任命周泰为春榖县令。后来周泰又随孙策进攻皖县、江夏，周泰亦立下不少战功，因此，孙策在回师经过豫章时，复任命周泰为宜春县令，并且将该县百姓上交的赋税赐予他。

孙策死后，周泰跟随孙权讨伐黄祖，再立新功。后来周泰又和周瑜、程普在赤壁抵御曹操，进攻驻守南郡的曹仁，平定荆州后，周泰率兵驻守在岑。

上述是周泰在曹操第三次攻打东吴前的战绩史，从中可以看出，周泰其人，忠心事主，作战勇猛，曾救过孙权性命，连续多次参与东吴的疆域开拓战及防御战，战功显赫，在历次战争中身负数十伤痕。考究孙权的用人政策，他赏罚分明，能善用贤才，有功必赏。周泰表现如此优秀，于是职务上也该升迁了，而他所缺的仅仅是又一次机会罢了。

汉献帝建安二十一年（公元216年）十月，曹操训练军队，准备再次征讨孙权，其年十二月，曹操抵达谯县，次年二月，曹操大军于长江以西的郝溪驻扎，建业危急。曹操南征孙权，濡须口是必经之处，因此，孙权再次亲率军队加固濡须口城防，在此据守。这次抵御曹操的防御战，周泰又一次积极参战，英勇拒敌。曹操南征孙权，从来就未突破过濡须口，第三次南征，又是铩羽而归，建安二十二年（公元217年）三月，曹操领军撤回，留下夏侯淳、曹仁等人驻扎在居巢县。

曹操大军回撤，孙权免不了犒劳抗战有功之臣。在功臣名单里，孙权第一个想到的就是周泰。孙权眼中，周泰不仅救过他的性命，而且历来表现英勇忠诚。这次濡须口抵御曹操，周泰又是积极参与，再立新功，这样任劳任怨工作又不要求封赏的忠义之士实在难找，该给他加官晋爵。

任命周泰什么职位好呢？孙权敲定主意，决定任周泰为濡须督、平虏将军。孙权宣布完周泰的任职命令，交代清楚濡须口防卫事宜，便返回了建业。周泰被委以濡须督、平虏将军的重要职位，足见孙权信用之盛。可是，周泰的升迁却激起了诸多将领的不满，其中，朱然和徐盛两人的怨愤不平最大。朱然和徐盛不服气周泰成为自己的上司，因此，整天消极怠工，对于周泰的命令阴奉阳违，有时还当面与周泰作对。

周泰能够出任濡须督、平虏将军，虽然部分原因是孙权念旧情，但更多原因是因为周泰有显赫战功，他的才干、勇猛使他足以担当重职。那么朱然和徐盛又有什么不服气的呢？

朱然和徐盛的理由就是周泰出身贫贱。东汉末年，社会还存在着浓厚的门阀观念，人们普遍认为帝王将相有种，出身高贵的人也应担当重职，而出身贫贱之人，即使有一定的才能，也只能干下等的事，任低贱的职位。故而，当时，出身高贵的人与出身贫贱的人在社会待遇上有着根本区别。朱然和徐盛自认出身名门，却屈身出身贫贱的周泰之下，心中十分不甘。尤其是徐盛觉得自己文武双全，亦可独挡一面，却不得重用，更是不满。

朱然和徐盛等人对周泰不服气，周泰自己也承担着相当大的心理压力，他受社会环境影响，也因自己出身贫贱而惴惴不安。濡须口诸将不服从周泰调遣之事很快就传到孙权耳朵里，孙权任命周泰的本意是犒劳他的战功，同时感激他的救命之恩。如今，濡须口众将因周泰出身贫贱不服从他调遣，这岂不是会给予曹操以南侵的可乘之机。

濡须口是江东的重要门户，孙权不想因为众将不服从周泰调遣误了军国大事，孙权决定亲自出面为周泰撑腰。孙权以巡视军事的名义来到濡须口，他召集诸将，举行盛大的宴会，饮酒作乐。当大家觥筹交错，喝得十分尽兴之际，孙权举着酒杯来到周泰座位面前，他亲自向周泰敬酒。主公敬酒，非比寻常，周泰诚惶诚恐地站了起来。孙权却温和地朝着周泰一笑，摆摆手示意他放松，然后让周泰把衣服解下来。

喝酒喝到让部将解衣服，这是何道理？不仅满座武将想不通，就是周泰本人也是莫名其妙。然而，主公的命令就得执行，这条道理，所有人都懂，周泰很麻利地解下身上的衣服。此时，众人的目光都紧紧地盯着孙权和周泰，想看看下一步是何动作。

孙权缓缓地扫视了下众将，然后将目光迅速转移到周泰身上，而诸将的眼睛也霍地转向周泰。除去衣服的周泰，身上满是伤疤，纵横交错，令人目不忍睹，孙权将手指指向周泰身上的每一条伤痕，问周泰是哪里受的伤。周泰一一回忆先前战斗之处如实回答，这是在宣城，那是在赤壁……

每指一条伤疤，则报一处地名，这样奇怪的过程持续了好一刻。而满座的气氛却陡然严肃起来，席间响起了对周泰表示钦佩的议论声。孙权的眼随着手指移向周泰身上的每一处伤疤，触目惊心，渐渐地，孙权流下泪来。孙权执着周泰的手臂，伤感地说道："幼平，卿为孤兄弟战如熊虎，不惜躯命，被创数十，肤如刻画，孤亦何心不待卿以骨肉之恩，委卿以兵马之重乎！卿吴之功臣，孤当与卿同荣辱，等休戚。幼平意快为之，勿以寒门自退也。"

孙权认为，周泰为了我孙氏兄弟，像熊和虎一样勇猛作战，不顾惜自己的身体性命，受伤数十处，肌肤像刀刻一般，我怎能忍心不把你当亲骨肉一样看待，委以统帅兵马的重任呢？你是我东吴的功臣，我将在你后面支持你，希望你好好干，不要因为出身贫贱而萌生退意。

抒发完感慨，孙权就再让众将继续高高兴兴地宴饮，次日，孙权派人把自己用的车盖送给周泰，又让周泰以兵马开路、护卫，擂鼓鸣号，走出军营。于是，徐盛等人对周泰表示服从，愿意接受他的指挥。

周泰忠诚于主公，作战勇猛，身负数十处创伤，伤疤遍布，实在可称得上东吴的猛将，而孙权竟然能抛弃门阀之见，公开对出身贫贱的周泰表示支持，并委其重任，真算得上一代明主。

汉中是个好地方

曹操占领汉中后,刘备念念不忘收回之意,若不取汉中,刘备只能偏安益州一隅,难以实现"亲率益州之众出于秦川",伺机谋取天下的愿望。因此,刘备接受法正的建议,统帅大军,展开夺取汉中的猛烈攻势,与驻守汉中的夏侯渊等人大战。

汉中是益州的门户,对于刘备和曹操的军事意义都极其重大。曹操击败张鲁后,取得汉中,却没有乘势直取益州,反而将大队军马撤走,仅留下夏侯渊等人驻守。曹操的目标,似乎仅仅只是防止刘备进入关中。然而,以曹操的雄才大略,不可能看不到汉中的重要性,他退兵的原因,史书上未有明确记载,很难把握。

当时,孙权向合肥方向发动进攻,这也许是曹操的退兵原因之一,但不会是唯一的原因,最大的可能性可能如刘备的重要谋臣法正所说,一定是朝中有什么重大问题,因而急于快速赶回，亲自处理。

汉献帝建安二十二年（公元217年），法正建议刘备趁着曹操不在汉中的良好时机，发动大军讨伐，定可一举夺得汉中。"今策渊、郃才略，不胜国之将帅，举众往讨，则必可克。"法正认为，夏侯渊、张郃虽然是一代名将，但他们的才能谋略比不上我们倾国而出的将帅实力。汉中守兵人数不及益州兵力，曹操还在邺城，赶不及救援，如果能发动益州的全部兵力前去讨伐，就一定能够占领汉中。

接着，法正从占领汉中后的积极意义入手，坚定刘备夺回汉中的决心。刘备听了法正的建议，觉得很有道理，就开始着手准备进军汉中事宜。

建安二十二年（公元217年），刘备派出吴兰、张飞、马超等将进攻下辨，以便切断曹军从陇右地区向汉中增援兵力和粮草的通道，同时保持刘备攻取汉中主力部队的侧翼安全。刘备本人则筹集主力部队，带领法正、黄忠、魏延等将领准备进攻夏侯渊军据守的汉中要隘阳平关。阳平关是进入汉中的重要通道，刘备想要先期夺取阳平关从而将曹军驱逐出汉中地区。

刘备派去占领下辨的军队先期很是顺利，很快就夺取了下辨地区。而该年十月，下辨被刘备占领的消息传到邺城。曹操对此迅速做出反应，他派遣都护将军曹洪率领大军前去收复下辨。曹洪家境优越，自曹操晋升魏王后，位居显职，身为魏王曹操至亲，权势熏天。随着曹洪职位的不断升迁，曹洪已习惯于在温柔乡里过日子，而早年冲杀的锐气早被磨灭。对此，曹操亦有所知，因此，在出行前，曹操又任命曹休以骑都尉的身份，出任曹洪参军。曹操甚至特意叮嘱曹休"汝虽参军，其实帅也"。

建安二十三年（公元218年），曹洪兵至下辨城外后，张飞分兵，假装要率兵向固山前进，包抄曹军后路的样子。曹洪手下诸将对此议论纷纷，曹洪亦担心后路被断，因此，不敢一心攻击下辨守将吴兰的军队。而曹休却明智地识破了张飞的诡计，他分析说"贼实断道者，当伏兵潜行。今乃先张声势，此其不能也。宜及其未集，促击兰，兰破，则飞自走矣"。曹休看出张飞不过是虚张声势。于是，曹洪听取曹休的判断，决定讨伐下辨守将吴兰，吴兰部大败，雷铜、任夔两个将领被斩杀。吴兰在逃亡途中被当地的氐人杀死，他的头被献给曹操。三月，张飞与马超撤走。

张飞与马超率领大军向汉中撤退，这本是个危险的信号，然而，曹洪占领下辨后，却再无进一步的军事举动，他没有派兵追击张飞、马超所部，却开起庆功酒会。酒席中，难以忍受军营枯燥生活的曹洪，竟然让一班女艺人只穿极薄的纱衣，近乎裸体地跳舞助兴，其好色下流的丑态令在席之人都看不下去，而任武都太守的杨阜即席斥责曹洪，并拂袖而去。

曹洪在下辨饮酒作乐之时，刘备正与夏侯渊、张郃军在阳平关一带对峙。曹操当年攻打阳平关损失惨重的现象在刘备身上重演。刘备虽驱动主力部队向阳平关发起猛烈攻击，但屡攻不下，伤亡颇大。

汉中是刘备拼了命也要得到的地方，伤亡再大还得继续打。汉中此时只有夏侯渊等少数将领驻扎，而曹操正在忙于处理内部事务和平息许都叛乱的善后事宜，如果曹操带领大军亲征，那么再取汉中就十分不易了，刘备决不能错过这次机会。因此，建安二十三年（公元218年）七月，刘备派遣陈式带领十余营军队攻击马鸣阁道，试图切断阳平关的北面道路，从侧后方威胁阳平。

马鸣阁是连结武都和汉中的一条重要通道，地势十分险要。它并不是一条真正的路，而是人工修建的盘踞在崇山峻岭间的阁栈。当时，人们在山壁上铺好木板供人马通行。马匹经过时，由于恐惧下面的万丈深渊，会发出嘶鸣，所以这桥又名"马鸣阁"。刘备派陈式攻取马鸣阁道，为的就是切断汉中与曹洪军队的联系，同时防止主力部队被曹军两面夹击。陈式自信满满地接受刘备任命，他只以为带着近万大军攻取一条小小阁栈，唾手可得。然而，陈式没有想到，他将会在马鸣阁铩羽而归，因为，驻守马鸣阁的是大名鼎鼎的猛将徐晃。

徐晃带领的军队是一支机动部队，他根据实际需要采取适当手段，防御马鸣阁至阳平一带，以防被刘备军攻取，从而保障阳平关侧后的安全。陈式带领大军来侵袭，徐晃迅速地将部队拉到马鸣阁防守。陈式写下挑战信，约徐晃离开马鸣阁决战，徐晃冷笑，放弃有利地形和你陈式决战，这是匹夫之勇。徐晃默默地等待陈式出击，而陈式终于耐不住，指挥大军掩杀，可是在地势险要的栈道，兵马虽多也不能发挥作用，徐晃沉着地应付，有力阻击，大破陈式，而陈式属下的十余营部队大败后，竟相奔逃，不少人在逃跑的过程中因为道路狭窄，掉进山谷而死。《三国志》中对于陈式攻取马鸣阁的记载是"备遣陈式等十余营绝马鸣阁道，晃别征破之，贼自投山谷，多死者"。

徐晃在马鸣阁大败陈式军队，捷报传到曹操手中，曹操十分高兴，他特意授徐晃假节，并在给徐晃的嘉奖令中写道"此阁道，汉中之险要咽喉也。刘备欲断绝外内，以取汉中，将军一举克夺贼计，善之善者也"。

刘备派遣陈式攻取马鸣阁失败，与此同时，他率领的十部精兵也不能攻克屯兵广石的张郃。大军出征，粮草、军饷开销巨大，而战死的士兵众多又需要新的兵员补充。刘备的后勤补给全靠留守成都的诸葛亮供应。此时，刘备已与夏侯渊在阳平关对峙将近一年。刘备正处于比较危险的境地，下辨的曹洪军队已威胁到其主力的侧翼安全，而军队损失惨重，再度用残余的部队攻取阳平关已无可能，甚至会遭受到夏侯渊等人的反击。因此，刘备急忙发出调动令，将成都的部队调到汉中。刘备不断地催讨粮草和兵员，远在成都的诸葛亮都感到有点吃不消。诸葛亮难以排解后勤补给的巨大压力，他心中觉得夺取汉中是否有点不太必要，劳民伤财，便向部下发牢骚，征询蜀郡从事杨洪的意见。杨洪鼓励诸葛亮道"汉中则益州咽喉，存亡之机会，若无汉中则无蜀矣，此家门之祸也。方今之事，男子当战，女子当运，发兵何疑！"杨洪认为汉中是益州咽喉，直接关系到益州的生死存亡，如今夺取汉中，应当男子出战，女子运输，尽出益州之兵，还能有什么迟疑。诸葛亮听取了杨洪的意见，顶着巨大的压力，再次向刘备输出益州的几近全部留守兵力。

夏侯渊能够抵御刘备近一年之久，与他占据阳平关有利地形有着莫大关系。然而，刘备倾尽益州兵力、物力，不顾巨大伤亡，誓取汉中。与刘备属下几近所有武将、谋臣为敌，夏侯渊面临着战斗生涯中最大的挑战，此时的曹操却被叛乱等事情羁绊，汉中失守仅仅是时间问题。

定军山丢了

夏侯渊在无曹军强大外援的情况下，坚守阳平关近一年，刘备虽率军亲征亦不能克。两军的营帐相隔不到数里，对峙的焦躁和战争的死亡气息笼罩着阳平关。刘备决定改变作战方式，率领大军向定军山转移，吸引夏侯渊带领军队离开牢固的阵地，以期取得战争胜利。

刘备为取得汉中，尽出益州之兵，以至于负责后勤补给的诸葛亮都感觉到压力巨大，由此可见，刘备在攻打汉中过程中的兵力、财力消耗之大。夏侯渊凭险固守，仅仅依托汉中的财力物力抵御刘备一年之久，可以看出，夏侯渊的作战能力非常强劲。然而，刘备在得到诸葛亮再次派出的援兵后，实力补充迅速，夏侯渊所期待的援兵却迟迟不来。对比双方实力，刘备军团强，夏侯渊兵团弱。刘备一方打破对峙局面，取得战争胜利仅仅是时间问题。

徐晃大败陈式于马鸣阁后,曹操感觉汉中势态严重,自己远在邺城不便指挥,因此决定带兵进驻长安,以便就近处理军机事宜。他于建安二十三年(公元218年)七月领兵从邺城出发,当年九月抵达长安。

曹操亲率大军来助,这对于夏侯渊无疑是天大的喜讯。刘备久战夏侯渊不下,全军疲惫,而夏侯渊军也是劳累不堪。此时,如果曹操领军迅速赶赴汉中,则可给予刘备军团以致命一击。然而,一次意外的叛乱拖住曹操数月之久。曹操进军汉中,军队的粮草需要补给运输,而南阳郡就承担了繁重的后勤保障工作。数万大军的后勤供应,不是件易事,需要抽调大批壮丁来服徭役,壮丁不足则拉老幼妇孺补数,一时间民怨沸腾。建安二十三年(公元218年)十月,宛城守将侯音率众造反,他"执南阳太守,劫略吏民"据守宛城等待关羽派人来接收。

面对这一突发事件,曹操不得不派遣刚刚进驻樊城的曹仁平定宛城叛乱。而此时驻守荆州的关羽,势力强劲,虎视眈眈,孙权则在濡须口对合肥构成威胁。曹操要分心面对叛乱事件,同时防备关羽、孙权等人乘机攻打中原。曹操认为,夏侯渊能够抵御刘备一年之久,说明夏侯渊军队还有战斗力,刘备短期内无法取得汉中,因此,曹操便在长安观望事态变化,同时以便震慑中原。曹操没有想到,他在长安的耽搁,却断送了一代名将夏侯渊的性命。

建安二十四年(公元219年),刘备带领大军从阳平关向南渡过汉水,沿着山边逐渐向前推进,在定军山摆开阵势,扎下大营。刘备的意图是，改变战斗方法，转移战线，威胁阳平关的侧面。刘备想用主力部队将夏侯渊从牢固的阳平关引开，在定军山展开决战，从而有效地发挥机动军力的作用，一举消灭敌军。

果不其然，刘备向定军山转移，夏侯渊立马放弃阳平关，带领属下军队在定军山附近设下营寨，抵御刘备军。夏侯渊的军事部署是，分兵两部，让张郃带领部分军队驻守东面，他自己则带领其余主力部队驻扎南面。同时，夏侯渊命令属下士兵砍下树枝和树干，削尖它们，交叉固定在一起摆在营寨四周，并在上面绑上铃铛，以防止敌军步兵和骑兵的突击和偷袭。

此次作战，刘备方面的主要谋士是法正，将领主要是黄忠。法正在抵达定军山后，仔细观察地势，看出定军山附近的一处山坡地势较高，从上可以一举窥视夏侯渊敌军动向，便有了主意。法正向刘备建议，攻取该处山坡。在该处山坡，夏侯渊方驻守的兵力不多，不及千人。刘备派出将领趁夜发动突袭，一举攻破山坡。然后，刘备按照法正的建议，任命老将黄忠在该处驻守。

刘备军团取得地势高的山坡后，对夏侯渊军队布置的动向了如指掌。法正看出，张郃驻守的东面，兵力较少，是夏侯渊兵团防护的薄弱环节。于是，法正再次向刘备提出精辟的建议，集中兵力攻打张郃，只派少数兵力对夏侯渊驻守的南面进行骚扰。刘备能够取得益州，法正可谓是头号功臣，因此，刘备对法正的意见很重视。他将主力部队分成十部，轮流向张郃发动猛烈的冲击。张郃部被轮番的攻击折腾得精疲力竭。夏侯渊在南面闻得东面杀声震天，而南面却除了偶尔的骚扰外，平安无事，本想去助张郃，又怕被劫营，顿觉坐立不安。最后，夏侯渊采取折中的方法，他担心张郃被刘备主力部队的全力进攻击败，便分出一半兵力去东面支援张郃。

夏侯渊分兵一半支援张郃，南面兵力锐减。而这一切，都被法正清楚地瞧在眼里，法正在心中暗暗冷笑。夏侯渊的援兵抵达东面，刘备依照法正传授的方法，继续全力对张郃部冲击数次后，暗中拨出许多兵力抵达定军山附近黄忠驻守的较高山坡。黄忠驻守的地方离夏侯渊的营寨比较近，夏侯渊分兵后，黄忠便开始执行法正的计划，他每天在高坡鼓噪呐喊，装出要攻击夏侯渊的样子，而夏侯渊每次都以为刘备军将要发动攻击，紧张地调兵遣将准备防御，然而，黄忠却没有真正地攻击。夏侯渊天天被黄忠诈攻吓唬，渐渐地觉得麻木。夏侯渊以为刘备军将领示怯，闻我夏侯渊大名，不敢发动进攻，只是一班无胆鼠辈，不需过多提防。

夏侯渊的自傲是有道理的，他曾经先后打败马超、韩遂。平定边疆，统治范围直捣河西，连曹操都很欣赏他。夏侯渊心想，刘备倾尽益州之兵，攻阳平关一年不克，这次定军山作战，又奈我夏侯渊何。

据史书记载，夏侯渊非常重视奖励部下，他常常将俘获的财物或是收到的赏赐分与属下，深得军心。此外，夏侯渊还极其重视后勤保障，亲自督运粮草的事干得不少。这次定军山之战，夏侯渊再次发挥身先士卒的精神，带领四百名士兵巡查周边。夏侯渊没有想到，巡查周边之行，却终结了他的性命。

夏侯渊带着四百名士兵巡视，一路未发现异常，警惕之心渐渐松懈。而夏侯渊的松懈正是法正所需要的，法正早已在高坡上将夏侯渊的举动看得一清二楚，他等待着夏侯渊上钩。夏侯渊行至十五里外，见到用来防守的鹿角（摆在地上起防御作用的树杈）被刘备军烧毁，略为皱眉。既然看见了纰漏，夏侯渊便决定将其补上，夏侯渊停下马，命令属下四百名士兵去山上砍树将鹿角补全。

就在夏侯渊忙着修补鹿角之时，站在高坡上的法正却在嘴角露出一抹微笑。法正知道，铲除夏侯渊的最好机会到了。而斩杀夏侯渊的机会将交与黄忠执行。在高坡上等待多日的黄忠早已按捺不住杀敌立功之心，他跨上战马，亲自擂起战鼓，指挥士兵掩杀。震天响的杀声响起，在高坡上休息多日的黄忠属下士兵如奔驰的野马，飞快地向山下夏侯渊所在处冲去。黄忠接着将战鼓交与旁边小校，手执饮尽无数敌人鲜血的长刀，一挥马鞭，吼叫着拍马驰去。

黄忠军队的攻击很是突然，夏侯渊周遭的四百士兵还在忙着砍枝杈修补鹿角，夏侯渊本人则在旁监督。当杀声响起，夏侯渊抬起惊愕的双眼，看到数千刘备军向他杀来，而当先一员大将，手执长刀，满头白发，甚是耀眼。

敌众我寡，夏侯渊想到要撤退的时候，回路已经被断，而黄忠却已冲到眼前。夏侯渊匆忙举刀迎战。而四周修补鹿角的四百士兵被黄忠手下的几千军队团团围住，一个人迎战数名敌人，根本无法应付。属下士兵被杀伤、杀死的惨叫声不断传到夏侯渊耳朵里，夏侯渊心惊胆寒，不及数回合，便被黄忠一刀斩于马下。

欢呼声刹那间盈满山野，勇猛无敌的夏侯渊死了。老将黄忠斩杀夏侯渊，由于法正的良策，这一战成就了黄忠的威名。此后，黄忠因斩杀夏侯渊的功劳得封后将军。

夏侯渊勇猛善战，长于奔袭机动作战。但他也有缺点，就是片面依仗勇力。为此曹操曾多次告诫他"为将当有怯弱时，不可但恃勇也。将本当以勇为本，行之以智计；但知任勇，一匹夫敌耳"。曹操认为，作为将领应当有怯弱的时候，不能够只是依仗勇力。夏侯渊为将虽然应当以勇为本，具体用兵时却也要用智谋计策，如果知道依仗勇力，不讲智谋，那只是匹夫的对手而已。然而，夏侯渊显然未完全吸取曹操的告诫，定军山一战，夏侯渊以半数兵力支援张郃，却还敢不顾被偷袭的危险，亲自带领四百士兵巡视周边，实在是过于依仗勇力。

对于夏侯渊定军山一战的表现，曹操在一则军策令中批评道"为督帅尚不当亲战，况补鹿角乎"。夏侯渊战死，使得汉中军心不稳，汉中即将失守。

一颗将星冉冉升起

定军山一战，法正定下奇谋，老将黄忠奋勇斩杀魏军名将夏侯渊，整个汉中震动。刘备军营内正喜庆高歌，互相祝贺胜利，而定军山附近曹军营寨，士兵垂头丧气，众将纷纷汇聚一堂，面露哀伤之色，商讨主将被杀后的善后事宜。

主将是军队士气所在，主将英勇则士兵英勇，主将无能则军队衰败。夏侯渊不顾主将之尊，在修补鹿角的过程中被黄忠斩杀，这一消息很快传遍魏营。而刘备乘机派出众多士兵鼓噪宣传，打击夏侯渊属下剩余军队的士气。一时间，夏侯渊统帅下的部队人心惶惶，悲哀、颓败的气息弥漫。群龙无首，且刘备军实力雄厚，陡遭重挫的魏军被迫收拢残兵，退至汉水北扎营。

夏侯渊战死，其部下将领相互商讨觉得需要找出一个人心服膺的名将来主持大计。而在夏侯渊属下众将中，张郃南征北战,立下汗马功劳,智勇兼备,在军中很得人心。

若论统帅之才,除夏侯渊外,张郃可谓最合适不过。张郃曾在袁绍军中任职,在官渡之战中力劝袁绍急救乌巢,袁绍不听,张郃后又被小人谗言所伤,不得不投奔曹操。张郃自跟随曹操后,攻克邺城,大败袁尚,消灭袁谭军,远征乌桓,击败关中军,立下赫赫战功。在曹操讨伐张鲁之时,张郃又是先锋。所以,夏侯渊军中诸将对张郃的才能都有着清醒的认识。

而刘备,对于张郃则尤为忌惮。刘备曾依附过袁绍,对于张郃可以说是知根知底。特别是在广石一役,刘备亲自率领精兵万余人,分为十部,猛烈攻击张郃竟不能克。这一战,在刘备心中留下深深的阴影,刘备甚至认为张郃的才能远比夏侯渊突出。因此,在黄忠斩杀夏侯渊后,刘备没有表现得特别高兴,他叹息道"当得其魁,用此何为邪!"刘备觉得若是能够斩杀张郃比斩杀夏侯渊更好。

虽然张郃是如此地优秀,军中内外都对他表示佩服,可他毕竟还是夏侯渊的部下。夏侯渊刚刚战死,尽管军中急需推举出新的统帅来主持大事,张郃却不能不顾面子,毛遂自荐地站出来。张郃如果站出来,就会显得没有涵养,而且很有野心。所以,张郃选择沉默,他相信,会有人抬出他这块金子来。

刘备军团虎视眈眈在侧,大有乘胜直进,将汉中剩余曹军一举剿灭的态势。而己方军中却人心不稳,在这样的生死关头,夏侯渊的司马郭淮显现了过人的识人才华。郭淮主动地站出来,推举张郃来执掌军事。"张将军,国家名将,刘备所惮。今日事急,非张将军不能安也。"郭淮将张郃的地位抬得很高,张将军是国家的名将,刘备都感到害怕的人,今天事情急迫,除了张将军没有人能安定军心。

郭淮推举张郃显得十分合适,因为他是夏侯渊的司马,由他来推荐张郃,张郃便摆脱了篡权的嫌疑。然而,光靠郭淮一个人表态,没有人表态赞同的话,张郃仍然无法承担重任。就在关键时刻,驸马都尉,督汉中军事杜袭起身附和郭淮的意见。郭淮和杜袭两位重量级人物联手推荐张郃,其余将领也觉得张郃足以担当统帅之职。此时统帅要担当起抵御刘备军团的重任,所以没有人和张郃抢。于是,张郃十分顺利地接替夏侯渊,统率全军。

张郃执掌军队,面临的是一个烂摊子,属下部队人心不稳,惊恐不安。而张郃却要整合残军,鼓舞士气,迎战刘备倾益州之力的庞大兵团。事实证明,张郃的确是位非常优秀的统帅,他受命于危难之际,迅速展开政治宣传,重新树立起士兵的信心,同时部署士兵,安排牢固的阵势防守。各种举措安排得井井有条,而众将因为佩服张郃的才干,都愿意接受他的指挥,军心很快安定下来。

张郃忙着安定军心,部署防御,刘备方面却在准备进攻事宜。刘备打算利用军队定军山大捷获得的勇气乘胜追击,渡过汉水,全歼夏侯渊残余部队。刘备的动作很明确,数万大军直向汉水边进发,而他的这一动作很快被张郃设置的侦察兵岗哨发现。侦察兵将刘备的动向告诉张郃。

敌军即将渡过汉水来袭,张郃立刻召开紧急军事会议,军中中级以上将领全体参会。曹操的援军迟迟未至,而刘备军又将再次攻击,敌众我寡,敌强我弱,如何才能有效地抵御刘备军,张郃心中也没有定数。

会中,诸将畅所欲言,纷纷将自己心中所想表达出来。大部分将领的看法是,寡不敌众,唯一的办法是依据汉水,沿岸建阵拒敌。这些将领都把汉水当成了救命稻草,刘备想渡河攻击,咱们就让他渡不了河。在实力不敌的情况下,凭借有利地势阻击敌人,是比较明智的决策。然而,汉水沿线漫长,不知道刘备从何处渡河,如果在沿岸各处布防设阵的话,那么兵力分散,防备薄弱,如果刘备带领大军,集中几处猛攻,那么,很有可能会突破汉水防线。

优秀的人才之所以优秀,是因为他与众不同。在诸多将领众口一词,依汉水沿线布阵抵御刘备军团的时候,郭淮却提出了独特的见解。郭淮认为"此示弱而不足挫敌,非算也。不如远水为陈,引而致之,半济而后击,备可破也"。

沿河阻击是示弱的表现,应该把部队向后移动,让刘备军渡河,等到刘备军渡河到一半的时候再去攻打他,这样刘备就会被击破,这是多么精辟的见解。当其他将领还在想着怎么抵御住刘备军团的进攻时,郭淮却想到利用良策击破刘备军团。在实力不敌、敌强我弱的情况下,还能想到战胜敌人,这是何等的勇气与智慧。

郭淮提出的建议非常优秀,然而优秀的建议不一定被主帅认同。但是张郃在危机时刻再次体现了高超的判断能力。张郃经过慎重考虑，觉得郭淮的建议很具可行性，更为切合实际，便果断地按照郭淮的建议展开行动。张郃命令部队后撤一二里远，即地驻扎，等待刘备渡河。

刘备本以为，定军山一战，斩杀夏侯渊，大败曹军，夏侯渊的残兵败将们应该吓得抱头鼠窜，我军渡汉水，全歼敌军，直如探囊取物。然而，当他抵达汉水边，远眺江对岸张郃部队的军容时，只见阵容整齐，旌旗招展，连站岗的哨兵都挺得笔直，毫无颓败的气象，不由得一阵叹息。刘备清楚，夏侯渊的残余部队一定被某个名将重新组织了起来。刘备初步判断，敌方此时的统帅应该是张郃。

刘备秘密地派遣属下前去探听消息，不久探子来报，张郃被推举为新的统帅。刘备验证了自己的判断，便觉得再想全歼夏侯渊属下剩余军队已是困难。可是，刘备还抱着一丝希望，刘军即将渡过汉水，只要张郃沿汉水设阵布防，就一定会因为兵力过于分散而被击破。

然而，刘备在汉水边观望一日，不见张郃军有任何动静，过了一夜，刘备再次在江边查看张郃部队动向时，却见到整支军队已被张郃连夜拉到不远处的地方设防。刘备见张郃如此部署，害怕带领军队渡过汉水时被张郃偷袭，便打消了继续渡河歼灭敌人的想法。

双方在汉水两岸对峙数日，刘备始终不敢渡江，张郃又趁此机会加固军事防御设施，做好长期防守的打算，刘备觉得难以再行突破,便暂时撤军,张郃则带领剩余军队回到阳平继续固守。

张郃担重任于危难之际,汉水边施良计智退刘备大军。夏侯渊战死,一颗新的将星却冉冉升起。

一身都是胆

汉献帝建安二十四年（公元219年）三月，夏侯渊战死，张郃孤军拒敌汉水的消息传到长安，长安震动，曹操顿觉汉中危机。为了帮助张郃脱困，同时解救汉中之危，曹操亲率十万大军出斜谷，沿途占领各处要害，抵达汉中，欲与刘备军一决胜负。曹操在长安因平定宛城叛乱等事羁留数月，这才使得夏侯渊将星陨落。此时的曹操，年事已高，痼疾在身，却不得不为汉中之事再次带兵亲征。

曹操，乃东汉末年一代雄才，大兵所向，望者披靡。刘备在实力不雄厚的时候也数次被曹操打败。然而，今非昔比，刘备已经占领益州和荆州之地，且经营数年，逐渐稳固。此时，刘备比曹操更为熟悉汉中地势，且在本土作战，属于以逸待劳，而曹操远途跋涉，兵马疲顿。因此，刘备对于曹操率兵亲征没有感到半点惊慌，相反，刘备自信满满地表示"曹公虽来，无能为也，我必有汉川矣"。

刘备认为，曹操即使来到汉中，也将无能为力，汉中和益州，我是占定了！刘备之所以有这样的自信，就因为他看准了曹操远途来攻的弱点，数万大军劳师远征，粮草消耗不计其数，只要凭险固守，曹操久战不下必退。于是，刘备集中兵力，不与曹操打攻坚战，据险固守，避其锋芒，只是拖延时间，以图消耗魏军。

曹操来到汉中后，驻扎营寨，想要与刘备大战，却遇到刘备拖时间的打法。刘备军固守在险塞，强行攻取，伤亡太大，却不能克。一时，曹操也无可奈何，暂停猛烈的攻击，徐图良策。曹操暂不来攻，刘备却缓过劲来思索破曹的良方。曹操远途奔袭，兵马所需粮草尽需后方供应，粮草若是一断，曹操才能再高，谋略再好，也难以驱策未进饮食的兵马前去作战。于是，刘备便秘密遣人寻找曹操的运粮通道，很快就得到回复。

探子报告，曹操在北山下运粮，来往粮草络绎不绝，以万石计。刘备听得回报，打算劫掠曹操粮草，袭取曹操军北山下的粮库。刘备召集军中众将，询问何将愿往。老将黄忠，才在定军山下斩杀夏侯渊，立下奇功，风头正劲，刘备话音刚落，他便起身站起，英勇地叫道"吾愿往"。刘备考虑，黄忠虽老，但手上长刀，重逾百斤，浑身武艺，卓越超群，且勇武不减少年，便爽快地同意了黄忠的请求。

黄忠想立新功，急急地带着数千人马便出发了。劫掠曹操粮草，火烧粮库，曹操不败则退。刘备的想法是好的，但他却没有想到，曹操是何许人也，岂会被黄忠袭取粮库成功。

曹操在官渡之战时以弱胜强，靠的就是火烧乌巢，毁去袁绍粮草。曹操自己都曾算计过别人，又怎么会被刘备算计？曹操在北山下粮库暗中布下数重重兵，把守严密，敌军要是不来袭击粮库还好，倒是平安无事，若是轻骑袭取粮库，则管保易进难出。黄忠带着几千人马轻骑突击，到得北山附近，见仅有粮库里有数百士兵屯驻，心中暗自高兴，又将立大功一件，快马加鞭，直向前方冲去。此时，只见锣鼓一响，躲于周遭的曹军如飞蝗般从四面扑过来，黄忠立功心切，虽见有伏兵，心中一惊，但依仗武艺，却觉无畏，挺刀迎去，拍马便战，双方厮杀一阵后，黄忠只觉围攻的曹军越来越多，暗道糟糕，再想领兵撤去时，却见到退路也被断了。

黄忠在北山下，带领的全部士兵被曹操重重围困，拼命厮杀，试图突围。而他在向刘备请军一支，直袭北山时曾立下约定何时归营。刘备在营帐中等候黄忠消息，却迟迟不见黄忠归营，心中不禁大感诧异。

刘备帐下，赵云与黄忠素来交好，而黄忠此次带领突袭北山曹操粮库的军队中，也有赵云属下人马。赵云见黄忠逾期未归，担忧黄忠及部下安危，便向刘备请命，前去一探究竟。刘备见是赵云主动请求打探消息，心知赵云沉稳善战，当即答应下来。

赵云披甲戴盔，跨上战马，挑选了数十忠心耿耿、作战勇猛的部下离营而去。赵云此次前往北山下，为的是打探黄忠消息,他也未曾料到曹操会在北山下布下重兵,因此只带了少数部下跟随。当赵云率队一路奔驰到北山下时,正好碰到曹操加派过去围攻黄忠的部队,赵云与曹操先锋部队陡然遭遇,心中暗暗吃惊。遭遇强敌,最重要的是保持冷静的心态,因此,赵云很快将起伏不定的内心压抑住,恢复往日的平静。

赵云手执银枪,回身对部下说"如今突逢强敌,回撤不易,唯有勇猛出击,挫敌锐气"。赵云的部下都是追随赵云多年的战士,经历无数次生死大战,都很沉得住气,齐声高呼"愿随赵将军死战"。赵云瞧着多年生死与共的部下们,坚定地点点头,回转身去,振臂一呼"随我突击",便策马挺枪,直向曹军先锋部队冲去。赵云胯下白马神骏,转眼就冲到曹军先锋部队面前。赵云猛吼一声,挺枪直刺当前一员将官,将官慌忙俯身,赵云回枪斜扫,力逾千斤,随着一声"着"字,将官应声倒地。赵云在数千曹军前锋部队中,提枪骤马,横冲直撞,好一场厮杀。直见得雪亮银枪上下翻飞,浑身舞动,绽出无数梨花,遍体纷纷,如飘瑞雪,银枪和白马交映生辉,印得赵云神威凛冽,如同神将下凡。银枪白马所至之处,非死即伤,曹军先锋部队纷纷躲闪,很快赵云就在阵中杀出一条血路。

曹军本来肃然的阵容因为赵云的冲击显得大乱,赵云一边战斗,一边领着部下退却,而被杀散的曹操军也很快重新聚集起来,直向赵云逃走的方向追去。渐渐的,赵云领着部下退至己方营寨。赵云来到营寨前,清点人数,却不见部将张著,赵云回头一望,只见不远处张著浑身挂彩,正被曹军追击迅速的数百名官兵围攻，于是，赵云又返身杀回，再次突击曹军追兵，将张著救回。

赵云浑身浴血再次进入自家营寨后，沔阳长张翼匆匆相迎。张翼眼见赵云身后不远黑压压的曹军，便起了惊惧之心，想要关闭营门据守。曹军人数众多，关闭营门据守，本是自保的良法。然而，赵云微微喘息一阵，抹去脸上久战后的血汗，略为平定厮杀后的劳累，便又准备投身战斗。他坚定地对张翼说要坚持住。张翼是赵云副将，他虽然不明白赵云为什么甘愿冒着被曹军长驱直入的危险打开营门，却信赖赵云的能力，就照着赵云所说的去做，让士兵放倒旌旗，打开营寨，四下隐蔽。

曹操大军来到赵云营前，天色已暮，本以为眼前当是一副刘备军列阵以待的肃杀景象，却吃惊地见到蜀寨中寂静无人，营门大开，整个空间的时间仿佛都凝固了，只能听到风卷旌旗的声音，仿佛进入了无人地带。就在一片寂静中，赵云单枪匹马，脸上写满坚毅与镇定，立于营门之外，就如同雕塑一般，岿然不动。曹军主将见到这样一番景象，亦觉惊奇，疑惑营寨中藏有埋伏，但既然来到，不能无功而返，便督军缓慢推进。

数万大军在一人面前，畏畏缩缩，慢慢前进，这是何等奇怪的景象！军队距离赵云越来越近，600米，500米，400米，300米……然而赵云仿佛不会动一般，没有丝毫表现，他胯下的白马亦是异常地宁静。曹军主将不由地脸上冒出冷汗，单人匹马在数万大军面前不显丝毫畏惧之色，始终屹立不动，这样的人还是人吗？曹军主将不敢相信，他觉得赵云一定有所凭仗，对，引我军入伏！突然间，赵云胯下白马嘶鸣一声，打破了整个空间的沉寂，曹军主将绷紧的心弦砰地一声断了，拨马便走，引军回撤。

曹操军队就这样被赵云的"空营计"吓走，赵云笑了，他回转身去，下令鸣击战鼓，顿时，冲天的鼓声响起。曹军听到鼓声益发坚信伏兵在后，逃跑的速度更快了。赵云连忙下令士兵追击，让军士用弩箭射杀逃走的曹军。喊杀声大震，曹操军吓破了胆，不知道多少刘备军队在后追击，一时间风声鹤唳，草木皆兵，军马在逃走的过程中自相践踏。而赵云率军追击到汉水后，曹操军争着渡河，坠进河里，被马匹踩死的或是溺死的人数更多。

第二天，刘备亲自来到赵云兵营查看战斗情况，他感慨地赞叹赵云，设宴欢庆胜利，而赵云此后被封为虎威将军。曹操在汉中与刘备相持两月，部下死伤甚重，却没能取得较大进展，心中闷闷不乐，起了退兵之意。曹操用膳时，见到碗中鸡汤内有鸡肋，触物伤怀，更是感伤。若是刘备占领汉中，便可威胁中原地区，但督令诸将与刘备争汉中，伤亡过大，不太划算，即使得到汉中，也不过是遏制住刘备的发展而已。可是劳师远征，已经付出巨大的代价，就此放弃汉中又未免可惜，曹操一时抉择不下。时值值日官问曹操次日军中口令，曹操正因鸡肋思考汉中之事，便随口说道以"鸡肋"为令。

新的口令传下，军中官员都不解其意。鸡肋作名，过于怪异。可是，曹操的这点心思却瞒不过朝夕与曹操相处的主簿杨修。杨修听闻曹操的口令，便打点行装，做出要回返邺城的样子，并遍告军中，大军即将撤退。军中诸将都惊异地问杨修"何以知之？"杨修回答道："夫鸡肋，弃之如可惜，食之无所得，以比汉中，知王欲还也。"

杨修准确地揣摩出曹操的心思，而曹操经过数天考虑后，终于决定撤出汉中。建安二十四年（公元219年）五月，曹操下令，全军撤回长安。刘备采用拖延、紧守要塞的方式，成功地抵御了曹操的进攻。曹操撤军，刘备彻底取得汉中。

汉中经两番易手，最后成为刘备囊中之物，刘备多年夙愿得偿，高兴异常。今后，他终于可以凭借汉中险要的地势，进攻中原，退守益州。

汉中谁来守

刘备成功阻击曹操，夺取汉中全境，真正实现兼跨荆益的宏伟目标。然而汉中险要，刘备回师成都前，首先得找到合适的驻守将领。就在所有人都以为督汉中的重任非张飞莫属之际，却曝出极大冷门，名不见经传的魏延以牙门将军之职连升数级，被刘备亲定为督汉中的不二人选，群臣俱惊。刘备得益州后，其基本统治区域是以成都平原为中心的四川盆地，而关羽奉命在外镇守荆州。汉中郡属于巴蜀和关中的交界，曹操军随时可派兵对汉中进行攻击。"若失汉中，则三巴不振"，刘备倾益州之师，辛辛苦苦与曹操军队作战一年有余，才夺得汉中，自然不能让它再遭失去的危险。因此，刘备在汉中开过庆功宴，准备返回成都前，一直在物色一名合适的将领，帮他紧紧守住益州的门户。

刘备与关羽、张飞"寝则同床，恩若兄弟"，天下兼知。所谓"一人得道，鸡犬升天"，更何况是这么要好的兄弟。刘备的地位越来越高，占据的地盘越来越多，关羽和张飞都被委以重任，名扬天下。刘备夺得汉中后，取得三块大的根据地，一块是成都为中心的益州，一块是荆州，另一块就是新得的汉中郡。刘备自己镇守成都，关羽则被派驻荆州，只有张飞尚没有独自治理的领地。

刘备此次寻找担负守卫汉中重任的将领，群臣们都以为刘备会选择张飞。张飞并不是靠攀关系取得高位的"暴发户"，张飞是有真材实料的，张飞与关羽一起被时人评为有"万人莫敌之勇"，如此猛将，镇守汉中，当可以拒敌于外。

不仅群臣认为张飞会被授予督汉中之职，就连张飞自己也觉得，刘备派他去督汉中是十拿九稳之事。因此，在刘备尚未宣布任命的时候，张飞府中即已高朋满座，往来车辆络绎不绝，这些人都是前去恭祝张飞即将镇守一方的。

几乎所有人都想当然地认为，张飞是绝对的内定人选，如果要他们在张飞还是别人当选汉中太守的问题上下注的话，百分之九十以上的人会毫不犹豫地选择张飞。

群臣都属意张飞督汉中之时，刘备的任命书终于姗姗来迟。然而，任命书上没有张飞的名字，被任命为督汉中镇远将军兼任汉中太守的是魏延，不知名的魏延。顿时，汉中街头巷尾议论纷纷，内容大多是刘备的这项出人意料的任命书。

魏延，据《三国志》记载"以部曲随先主入蜀"。也就是说，以刘备的下属身份随军进入益州。在刘备进益州时，魏延的身份仅仅是小小的"部曲",而在刘备驱逐刘璋的过程中,魏延屡立战功,这才被升为牙门将军。所谓牙门将军,还不是东汉政权将军编制中的正式称号,仅仅是刘备自行设定的职位。魏延以区区牙门将军的身份,陡然间升任为督汉中镇远将军兼汉中太守,不仅群臣感到惊讶,就是张飞本人也感到心中不快。

刘备属下,有关羽、张飞、马超、黄忠、赵云等名将,关羽驻守荆州重地,自可排除在外。但刘备既然不选择张飞坐镇汉中,为何不考虑远比魏延知名且经验丰富的马超、黄忠、赵云呢?汉中,直接关系着成都安危,更是刘备今后北伐的前线基地。对于这样的战略要地,刘备自然要精心挑选一名忠心耿耿、智勇兼备、沉着稳重的将领镇守。张飞,虽然雄壮威猛仅次于关羽,而且爱护尊敬君子,注意选拔人才,但有个坏毛病,不关心、呵护下级。"飞爱敬君子而不恤小人",为此刘备常常告诫他:过分刑罚杀戮,又天天鞭打勇健的随从,却还让他们跟随在左右,这是招致灾祸的做法。刘备的告诫很有道理,可张飞却没听进去,仍有不恤下的毛病。

汉中是抵御曹军的前哨,将领及士兵保持融洽和睦的关系方能一致对敌,而张飞却恰恰在这方面有缺陷,刘备当然不放心让张飞镇守汉中。而赵云,刘备任命他主管宫中之事,自然也可排除在外。黄忠虽然勇猛,老而弥坚,但毕竟年事已高,可能会发生意外情况,不利于汉中的稳定。而马超尽管威名显赫,且身居高位,但因其是"羁旅归国"的降将,刘备对他难以信任,只会把他摆在爵位高,无实权的位置,不会让马超坐

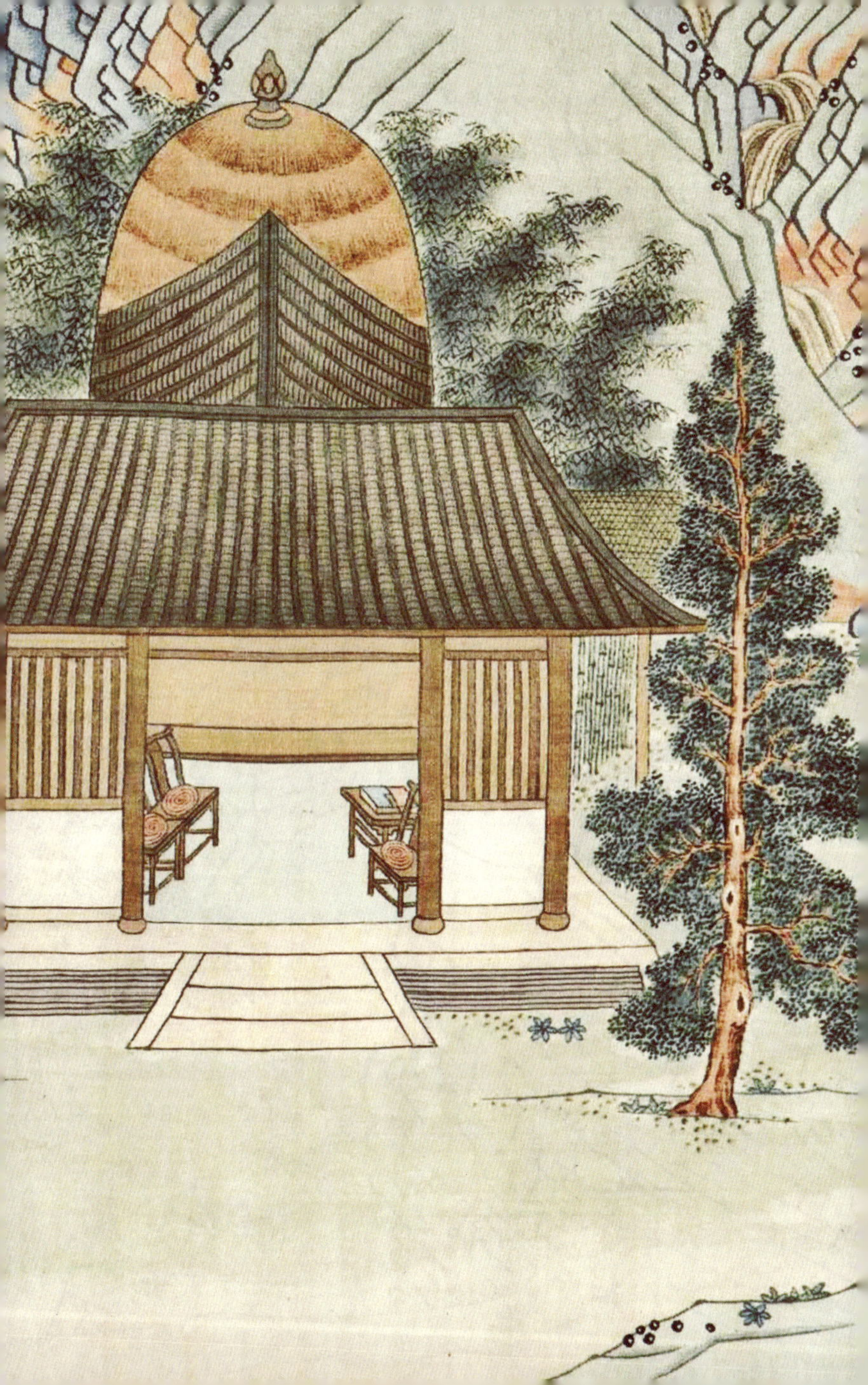

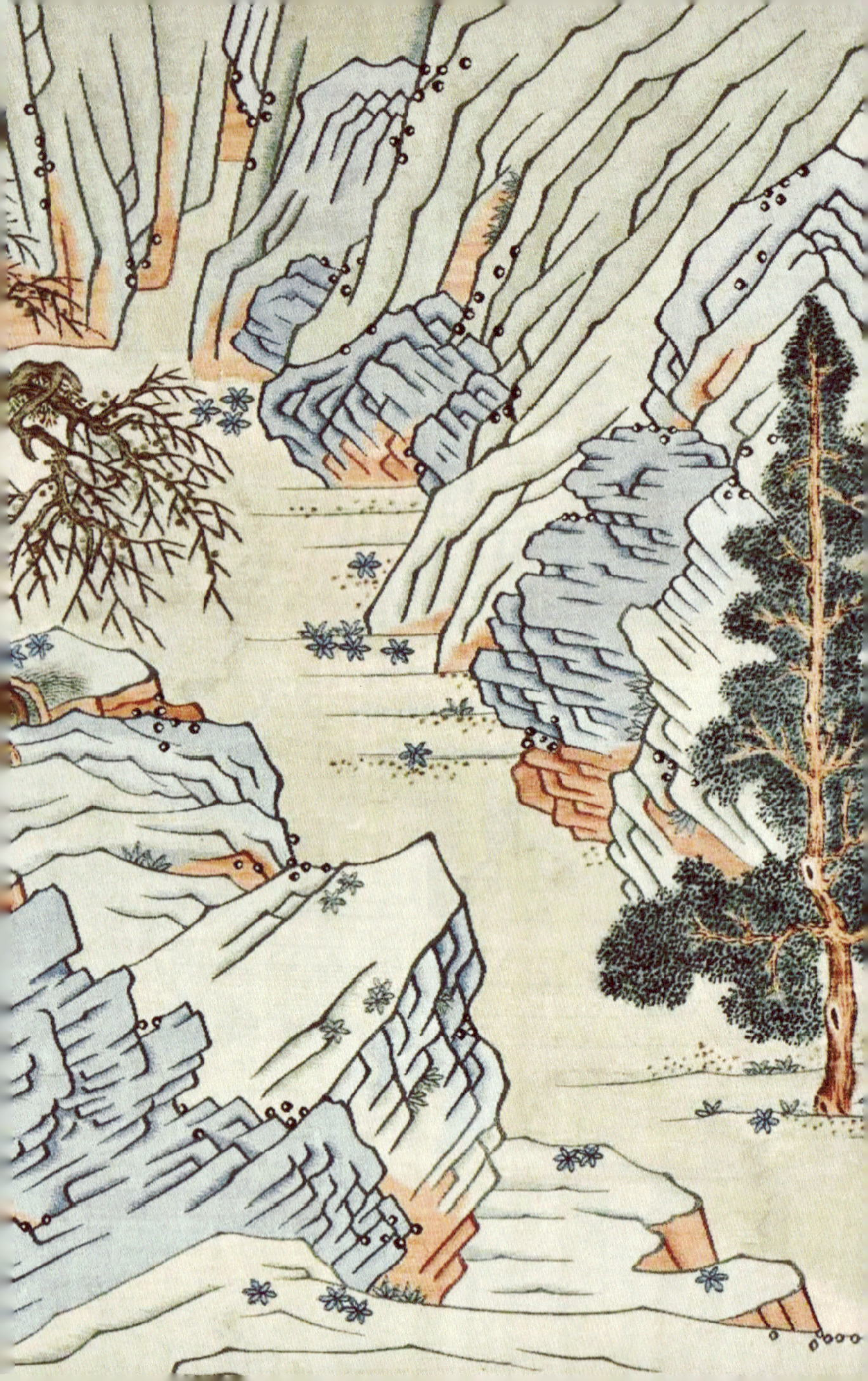

镇汉中要塞。

关羽等五员猛将因种种原因被排斥在外，刘备便只能寻找后备人才。此时的刘备，年近六十，垂垂老矣，急于为儿子刘禅储备新的将才，遇到才俊，便不拘一格任用。魏延远比张飞等人年轻，一贯忠心，且在益州争夺战中展现出优秀的指挥能力及判断能力，这些都被刘备看在眼里。于是，在选择汉中主帅的重大问题上，刘备置张飞和全军的议论而不顾，破格任用魏延。

魏延虽然获得刘备的信任，刘备也知其足以担当汉中太守一职，可他资历尚浅，难以令军中诸老将服膺。为此，刘备不得不公开站出来，表达对魏延的明确支持。刘备对魏延的支持显得很具艺术性，也充分体现出刘备的卓越政治才干。他效法刘邦当年登坛拜韩信为大将的旧事，特意择吉日大会群臣，当场封魏延督汉中镇远将军兼汉中太守。

大会群臣，登坛拜将，明显地显示出刘备对魏延的重视。刘备乃一代雄才，他都表示出对青年将领魏延的高度重视，可见魏延确实有一定的才干。群臣碍于刘备，也不得不对魏延表示支持。接着，在大会上，刘备与群臣把酒欢饮。最后，趁着群情愉悦之时，刘备示意属下安静，故意大声地问魏延："今委卿以重任，卿居之欲云何？"

"如今我把镇守汉中的任务交给你，你在任上打算怎么办？"刘备的话问得很直接，这是当众让魏延表态怎样不辜负重任。处乱世，唯豪气干云的英雄方让众人敬服，刘备想要的是魏延明确、积极、震慑人心的回答。

魏延自知以资历难以服众，他清楚刘备这样问的用心，便铿锵有力地答复道："若曹操举天下而来，请为大王拒之；偏将十万之众至，请为大王吞之。"

"如果曹操率领全国的军队来攻，我将为大王您挡住他；如果曹操只派一个偏将率十万大军来攻，我将替大王把他消灭！"曹操是当世豪杰，刘备都有所畏惧的人物，魏延却表示，即使曹操率领全国军队来攻，他将坚拒曹操于汉中之外，不让他踏进半步。要是曹操不亲自来，仅仅派出偏将领着十万大军前来进攻，我就能让他有去无回，将他们一举歼灭。这是多么雄壮的回答！

对于魏延的答复，刘备觉得很是满意，忙不迭地拍手称好，群臣见魏延尽显英雄气概，壮志凌云，都认为他很有气魄，又见刘备如此明确地表示支持，便纷纷附和赞赏。

刘备封坛拜魏延督汉中军事后，又耐心对张飞作出解释，并授予张飞另外的职位予以补偿。等到汉中人心安定，魏延显示出驾驭有度的气象，刘备便安心地返回成都。

在镇守汉中的将领人选方面，刘备大胆地启用魏延，而魏延此后拒敌于外、守土有方的卓越表现显示出刘备知人善任的优秀品质。继关羽、张飞等人之后的蜀国又一名将，魏延，将在汉中展现他的赫赫功业。

天生我才是王爷

汉献帝建安二十四年（公元219年）五月，刘备取得汉中后，消除了曹操对益州的威胁。此时的刘备，占据益州、荆州、汉中三块地盘，属下谋士如云，猛将成群，完全具备雄霸一方的资格。成都城中，数百大臣手持金冠，拥挤在刘备府外，他们正在劝进刘备进封汉中王。

刘备成功占领汉中。此时的刘备，志得意满，暂时消除曹操军队盘踞汉中的肘腋之患。刘备夺得汉中，益州、荆州、汉中三块土地基本已连成一片，构成庞大的版图。

为了彻底铲除曹操留在荆州的残余势力，完全连接益州、荆州、汉中，刘备决定乘胜直击，攻占荆州地界的房陵、上庸二郡。刘备的军事部署是，令宜都太守孟达向北攻打房陵，同时指定部队随时待命准备支援。孟达本是刘璋部下，有勇有谋，他率领大军取房陵，房陵很快即被攻克，房陵太守蒯祺被杀。

随后，孟达挥军直往上庸，刘备担心孟达军经房陵一战，实力消耗，孤军难敌上庸敌军，便又调遣副军中郎将、养子刘封从汉中率军与孟达会师，两军合兵，共谋上庸。

刘封，是刘备在新野未有儿子之时所收养子，其人武力过人，性格刚烈，在刘备攻取益州时立下汗马功劳。刘封与孟达会合后，双方共同商议，决定用政治宣传攻略不战而屈上庸守军。刘封与孟达命令军队将上庸团团围困，但是围而不攻，营造一种紧张窒息的气氛。每天，刘封命士兵在城外喊话，劝说上庸太守申耽投降。

申耽的家族是上庸最大的士族，家产雄厚。申耽见到曹操已经从汉中退兵，上庸孤城处于四面围困之中，考虑若是拼死抵抗，在毫无援兵的情况下除了平添伤亡外，毫无益处，便已隐约有了降意。但是申耽害怕的是投降后，刘备不会保留他的家产，且有可能剥夺他的官爵。

刘封和孟达为了打消申耽的疑虑，在经过请示刘备后，许诺让申耽另行担任他职，保留其财产。申耽一切的顾虑顿时打消，便迅速地打开城门，亲自出城迎接刘封与孟达大军进城。申耽投降，曹操留在益州附近的最后一股潜在威胁势力消除。

建安二十四年（公元219年）实在是刘备的幸运年，这一年，他赶走曹操，独据汉中，又夺得房陵、上庸两郡，实力大增。在刘备当年编织草鞋，席地贩卖时，他一定没想到数十年后会有称雄天下的光景。

戎马征战半生，依刘表、附袁绍，颠沛流离，才有今日兼得荆州、益州、汉中的繁荣景象。刘备能有今日的成就，不是靠他人的施舍，而是自身的努力，为此，他不敢不表示珍惜。因此，刘备选拔贤能，安抚各地百姓，轻徭薄赋，稳定人心，渐渐得到百姓的信赖与士人的归附。

人在衣不蔽体、食不果腹之际绝不敢奢求锦衣玉食、奴仆成云，他所需要的仅仅是日常保暖而已。然而，一旦他飞黄腾达，时过境迁，心境不同，则会鄙夷曾经的短浅见识，而生出新的愿望。如今，刘备有了稳固的根据地，人心尽服。他已经不是寄予他人门下求活的刘备了，因此，刘备逐渐对自己的官位不满起来。

曹操是外姓，但挟持献帝，把控朝政，破坏"凡异姓者不称王"的汉室规矩，从而进封魏王。刘备汉室中山靖王之后，当今天子叔父辈的人物，与曹贼势不两立，如果不称王道孤，岂不是在名分上比曹操低了一级。刘备自己给自己找理由，他也想称王。

然而，曹操将朝廷玩弄于股掌，等待朝廷给刘备加封王位，只是梦幻，除非刘备向曹操表示臣服。可是，刘备在当年形单势孤之时，都只表面与曹操交好，如今他兼跨三地，又岂舍得将辛辛苦苦取得的地盘拱手让人？所以，刘备若想称王，只能自封。

东汉末年，虽然君臣之位不过名义而已，但名不正则言不顺。曹操挟持汉献帝多年，都不敢取代献帝，只是打着拥护汉室的幌子征战四方，扫除异己，刘备就更不敢绕过中央朝廷直接称王了。何况，刘备还挂着仁义表率的牌子。因此，刘备没有选择赤裸裸地直接宣布自立为王，而是选择玩一幕群臣上书劝进的游戏。

在刘备认定的迂回封王战术指导下，重要智囊诸葛亮首先出场。自庞统死后，诸葛亮的权责更重，参与刘备的几乎全部机密。所以，在刘备称王的问题上，诸葛亮扮演着最为关键的角色。

诸葛亮秘密联系了一批坚定拥护刘备的文臣、武将，将准备劝进刘备为王的消息透露给他们，并且取得了这些人的支持。刘备要称王的消息被委婉地传达出去后，诸葛亮便着手准备演一场戏，演给其他未得到消息的人看。

成都，刘备召集众臣议事的例行会议上，刘备掩住心中的喜悦，端坐于座椅，淡淡问道："今日有何事奏闻？"诸葛亮在下面和联络过的官员略为交替眼色，迅速闪出，短暂的问答前奏后，精彩的好戏上演了。

刘备听了诸葛亮的话，假装大惊，连忙阻止。对于刘备的反应，诸葛亮早已料到。

只有诸葛亮一人劝进，刘备还不方便表态，他等待着其他人的拥护。事情到了这个地步，与诸葛亮事前联系好的众多大臣此时一齐上前劝说。诸官一起劝进刘备，诸葛亮在旁仔细观察刘备脸色，他见到刘备于犹豫中带有更多迟疑，知道摊牌的时候到了。诸葛亮这番说辞，顿时尽合人心，那些事先不知情的大臣也跟着叫好。

经过一番劝进、拒绝、再劝进的闹剧后，刘备终于"勉力"同意了诸葛亮的建议。然而，刘备还有一丝担忧，虽然被百官劝进为王，但不能得到天子的明诏，便不合情宜。对于刘备的担忧，诸葛亮心知肚明，他很快思索出一着妙招，假百官之手先尊刘备为王，后行想好说辞上报朝廷。

建安二十四年（公元219年）秋，益州、荆州、汉中群臣尊刘备为汉中王，数百大臣集聚在刘备府外，手捧金冠玉带王服，要求刘备行进位大礼。而在给名义上的朝廷上奏的报表上共列名一百二十人，平西将军都亭侯马超、左将军长史领镇军将军许靖、军师将军诸葛亮等人之名尽在其上。

奏表中写道"伏惟陛下诞姿圣德，统理万邦，而遭厄运不造之艰难"，指明汉献帝虽然具有天生的圣德，统治天下，却遭到厄运和不幸。而汉献帝遭受不幸的原因便是曹操利用祸乱，窃取国家大权。接着，奏表笔锋一转，虽然曹操倒行逆施，挟持天子，但左将军刘备身受皇恩，念念不忘贡献力量，昔年即参与衣带诏，后又在汉中打败曹操。可是，刘备虽然功劳显赫，却没有得到显贵的爵位名号，这不是能够使国家得到保卫，使功业光照万世的做法。最后奏表表明主题，为了更好地抵御曹操，光复汉室，只有仿照过去的典章，在危难之际，推举贤德之人到尊贵的位置筹备大事，封刘备为汉中王，"臣等辄依旧制，封备汉中王，拜大司马，董齐六军，纠合同盟，扫灭凶逆"。在报表中，诸葛亮等人还对不先行奏闻朝廷，即推举刘备为王的行为提出了合理性的解释，曹操把持朝政，在这样的时候采取权宜的办法，如果对国家有利，擅自实行是可以的。以后等到光复汉室的大业完成后，臣等人再退下来承担假托诏命的罪责，即使死也没有可抱憾的。

诸葛亮等人的报表洋洋洒洒近千言，给刘备自行进封汉中王的行为提供了充足的理由，刘备既然是为了汉室大业、讨伐曹操，那么这种行为就无可厚非。诸葛亮等人写完上表后，刘备又正式在沔阳开设坛场，摆开兵众排列群臣，司礼官宣读完表章，刘备便戴上王冠，公开称汉中王。

昔年，汉高祖刘邦受封汉中王，据有汉中，最后取得关中，登上帝位。刘备占据益州、荆州、汉中广阔之地，其统治区域远不止一个汉中盆地，却自封汉中王。刘备这样的做法，一方面表明他顺应汉室大义，出身正统，另一方面却显示出争雄天下的勃勃野心。

第二章

败走麦城：出来混是要还的

老天爷都来帮忙

建安二十四年（公元219年）七月，刘备称汉中王。为了配合刘备在汉中的胜利，关羽于该月发兵攻打襄阳、樊城，意图给刘备称王送上一份厚礼。此次战役，史称"襄樊战役"，关羽水淹七军，降于禁，斩庞德，达到一生功业的高峰。

曹操在领兵亲征汉中、攻打刘备时，担心孙权在江东起事，威胁合肥，因此，驻扎不少兵力在淮南一带。曹操征汉中不利退回后，重兵驻扎淮南的格局仍未改变。曹操的军事部署并没有错，但驻守荆州的关羽却决定抓住襄阳、樊城守兵不足的弱点，给荆州的曹操势力以致命一击。

关羽训练军队，准备征伐的当下，刘备自封汉中王的消息传来，久有攻打襄阳、樊城之意的关羽顿时坐不住了。关羽认为，刘备进封王位是件大事，而最好的礼物便是夺取襄阳、樊城。此时在樊城屯驻，主持大事的是征南将军曹仁。曹仁素有勇名，谋略突出，是曹操属下一员大将。他自征伐宛城侯音叛乱后，便又回驻樊城。曹操让曹仁镇守樊城的用意就是，盯住关羽，紧守襄阳，不让关羽有北进关中的机会，同时，选择合适时机夺取荆州。

曹操撤回汉中全部守军，又将重兵驻扎在淮南抵御孙权的进攻，荆州一带兵力便显得薄弱，而关羽在荆州经营数年，征收兵卒，训练军队，屯备粮草，实力雄厚，威名远扬。双方势力对比，关羽军强，曹仁军弱。曹仁没有想到，久久没有大动作的关羽，恰恰会选择刘备进封汉中王的时机攻打樊城及襄阳。

建安二十四年（公元219年）七月，关羽趁孙权大举进攻江淮一线，牵制魏国大量兵力之际，于江陵出发，率领水陆两军三万余人并进，企图以优势兵力迅速夺取襄阳与樊城。此时，樊城与襄阳的全部兵力仅万余人，一时，襄阳一线告急的报告如雪花般向邺城飞去。

曹仁在樊城奋力抵御月余后，曹操派出大将于禁率七军来援。于禁抵达樊城后，襄阳一线的曹操军队士气顿时大振。

于禁是曹军名将，与张辽、乐进、张郃、徐晃并受曹操器重。据史书记载，曹操每次征伐，轮换着用于禁等人做进攻时的先锋，退兵时的后卫。由于于禁屡建奇功，治军严谨，素有威信，曹操对他的期望很高。曹操派于禁支援曹仁，守卫樊城、襄阳之际，于禁官拜左将军、假节钺。

得到支援后的曹仁兵力大增，有了与关羽对抗的勇气，不再只死守城墙，而是展开寓进攻于防守之中的战略部署。当时，曹仁军中还有一员猛将庞德，曹仁便让于禁和庞德一起屯扎在距樊城北约十里的平地上，与襄、樊两城成犄角之势。

庞德原是马腾部下，曾斩杀郭援，击败张白骑，战功显赫。他每次战斗时，都是身先士卒，冲锋陷阵，勇冠三军。曹操平定汉中后，庞德投降曹操，曹操因他骁勇善战，任命庞德为立义将军，封关门亭侯。侯音等人反叛时，庞德和曹仁一起攻打宛城，最后又随曹仁入驻樊城。

然而，庞德虽然以骁勇闻名，却受樊城众将的怀疑。原因在于，庞德有复杂的社会关系。庞德本人是曹操部属，但他有一位堂兄却在蜀国任职。在关羽率领大军围城之际，庞德就因为他堂哥的原因而被樊城的将领猜忌多回。古语有云"三人成虎"，面对猜疑，庞德不得不多次表态自己的一片忠心。

事实上，庞德表忠心，并不仅仅是口头说说，他也确实是如此做的。在与关羽作战之际，庞德常亲骑一匹白马，披坚执锐，勇猛冲锋，他武艺高强，关羽属下军队阵型数次被他冲散，挡其锋锐者，死伤甚重。庞德的英勇表现，深深震慑了关羽大军。为此，关羽军中纷纷传言，樊城有一位骑着白马的将军，所向披靡，是关将军的劲敌。传言传得多了，庞德就多了个外号，关羽军中都把他叫作白马将军，对他十分畏惧。后来，庞统挺身迎战关羽，双方交锋数十回合，难分胜败，关羽心中暗暗吃惊，而庞统激战良久，假装败退，引得关羽来追，返身一箭，正中关羽额头，所幸，庞统激战后稍微失了准头，少了力度，关羽才受伤不重。经此一战，庞德名声益显，而樊城诸将也渐渐信服。

却说仅是庞德一人，关羽都力战不下，更毋庸提及多了于禁的帮助。于禁身经百战，经验丰富，排兵布阵娴熟，处败军之际尚能从容整顿部队。此次于禁临危受命，援助曹仁，面对天下闻名的关羽，更是谨慎。于禁在樊城外十里之处，部署得法，军容整齐。关羽在巡视的时候，见到于禁的营地，都不由感叹："于禁诚乃名将，樊城恐难得矣！"

关羽没能在短期内攻克樊城，战争逐渐处于胶着的状态。于禁来援后，关羽已无军力上的优势，攻取樊城益发艰难。此时的关羽，既未能得到刘备方面的援军，又担心孙权乘机夺取江陵，不敢调动后方兵力，颇显无奈。

刘备进位汉中王后，拜关羽为前将军，居于众将之首。关羽其人，虽既有勇力，又有谋略，却极其自负。他自认为，连黄忠这样的老将都在定军山中斩杀夏侯渊，自己若不能立大功一件，以贺刘备进位之喜，实在是平生之耻。因此，关羽虽未能在襄阳、樊城取得突破，却也并不退却。然而，就在关羽没有能力再夺取襄阳和樊城之际，老天爷却帮了关羽一把，让关羽得享胜利的无限荣耀。

曹仁、于禁等人久居北方，初到荆州不久，不了解当地的自然情况，只懂加强陆防，在船只的配备上未下工夫。至于关羽，久驻荆州，十分明了该地的自然状况和气候情况，因此，在领兵攻伐襄阳和樊城时，还带有较大规模的水军。关羽带过来的船只，在他夺取樊城的战役中起了重要作用，这一切都源于荆州突来的一场持续数天的特大暴雨。

于禁和庞德率领大军驻扎在距樊城约十里的平地后，小雨突至。对于这场骤然来临的雨，于禁还是显现出一名优秀将领的判断力，他担心军队受降水的影响，还特意将军队带到稍高的地方驻扎。然而，于禁没有想到的是，这场雨陡然间演变成特大暴雨，并最终终结了他的军队和他多年累积的盛名。

这年秋天，樊城一带连降大雨，天空仿佛裂出一道大缺口，暴雨如泼，倾泻而下。大雨连下十余日，丝毫不见有停歇的迹象。整个天空都被浓密的乌云遮得严严实实，而豆大的雨珠连绵不绝成雨柱而下，持续地敲击着早被雨水浸得饱和的土壤，凝成一股股巨流，流入汉水。汉水的河面宽度以里计，骤涨的江水波涛汹涌，怒吼着向前，最终冲垮了汉水边的堤岸。于是，肆虐的洪水再无顾忌，将整个樊城及周边淹为一片泽国。

平地水深数丈，于禁等七军缺乏船只，都被洪水淹没。最后，迫于无奈，于禁仅带领麾下将领数人登上高处躲避。泛滥的洪水夹杂雨水，将万名曹军卷入水中，四处可见快要溺死的士兵挣扎着扑腾的身躯。

就在于禁等人狼狈不堪、垂首待死之际，关羽捋着胡须笑了。关羽带有充足的船只，他并不畏惧滔天洪水。相反，此时，正是关羽扫清敌寇的最好机会。于是，关羽得意扬扬地带领士兵乘着大船，攻击在洪水中挣扎无助的士兵，并进而直取在高处躲避洪水的于禁等将领。于禁在高处观察水势，只见没有地方可容残余军队容身，自知再无机会取胜，又见关羽袭来，为了保命，便投降了关羽。

威名赫赫的于禁在自然的威力和关羽的夹击下投降了，然而，庞德却毅然决然地挑于禁留下的重担，他领着部分将领和士兵在未坍陷的堤坝上继续坚拒关羽。关羽站在船头，命令士兵乘大船将堤坝团团围住，用弓箭射击。而庞德也身披铠甲手执弓箭在堤坝上回击，他一支支地取着箭囊中的箭，怀着无尽的愤慨射出，箭无虚发。力战良久，将军董衡、部曲将董超等人都想投降关羽，庞德指挥士兵将他们都抓起来杀掉。

庞德从天亮战到午后，关羽的进攻越来越猛烈，而庞德的箭矢都已用尽，只能和抢登上堤的敌人短兵相接。最后水势越来越大，庞德身边的将士都投降了。庞德迫于形势，带着将领一人、五伯二人，拿着兵器，乘小船准备返回曹仁大营。由于水势浩大，庞德乘坐的小船被掀翻，兵器都丢失在水中，庞德只好抱着船漂泊在水中。

漂在水中的庞德很快被关羽逮到。庞德虽然浑身是水、狼狈不堪地被关羽擒获，却仍然拒绝在关羽面前下跪，坚挺着身子。关羽想利用庞德哥哥的关系劝降庞德，庞德大骂道："竖子，何谓降也！魏王带甲百万，威震天下。汝刘备庸才耳，岂能敌邪！我宁为国家鬼，不为贼将也。"关羽听了庞德的话大怒，便打消了劝降的主意，命令部下杀了庞德。

天降大雨，给予关羽莫大的帮助。于禁七军被淹，关羽借势降于禁，斩庞德，并挥军直进，再围樊城、襄阳。而此时的樊城，原本牢固的城墙泡在水里，墙面纷纷剥落。怎样挡住关羽的攻击，这是摆在曹仁面前的巨大难题。

我太有才了

曹植在与曹丕争夺储位的过程中失败，一蹶不振，可是，曹操却并没有忘记他曾宠爱过的这个儿子。曹操想给曹植一个机会，补偿曹植未能晋升太子之位的失落。樊城被围，正是授予曹植重位的最好契机。然而，曹植却再次因与生俱来的文人习气辜负了曹操的期望，也丧失了曹操心中仅存的些许信任。

樊城，仍是被洪水围困的景象，高达数丈的水将整个城池团团围住，水仅差几尺便要漫进城内。水中是泡得斑驳不堪的城墙，某些部位有着倾塌的危险。城墙外，关羽领着士兵乘着船只，虎视眈眈。城墙内，曹仁焦急不堪，苦苦地等待着援兵。而城中的粮食已被雨水浸湿，还有不少被水流冲去，残余无几。整个樊城显得零落残败。

在城外巡视良久的关羽终于向樊城发起猛攻。此时樊城被淹，兵士深感不安，城中进水，处处崩塌，众人都惊恐不安。

有人劝说曹仁连夜撤走，曹仁听了这话犹疑不决。而汝南太守满宠进说曹仁应等待援兵到达。是退是守，在关键时刻，曹仁表现出名将的坚毅风范，他为了国家大义，认同满宠的说法，将自己所乘战马沉入河中，与将领盟誓，死守樊城。

樊城被重重围困，内外不通，襄阳也被关羽派别的将领包围。曹操任命的荆州刺史和南乡太守都投降了关羽。就在樊城充满危机之际，邺城的曹操也心焦如焚。于禁七军被淹，急需新的将领带兵前去援救曹仁。若不救曹仁，樊城失守，关羽驱兵直进，那么许都难保。关羽如果将汉献帝俘获，这对于曹操无疑是重大打击。曹操绝对不允许这样的情况发生。

派遣谁带兵去挽救曹仁呢？曹操苦苦思索。也许是父子的天性使然；也许是曹操为了补偿曹植未能登上太子之位的遗憾；也许曹操是为了提升曹植的地位，让曹植卖曹仁一个人情……总之，不管是何种原因，曹操想到了曹植。

曹植是位才华横溢的人。后世的谢灵运有句评价曹植的名言："天下才有一石，曹子建独占八斗，我得一斗，天下共分一斗。"赤壁之战后，著名书法家、才子邯郸淳从荆州来投奔曹操，曹操热情地接待他，并向他的诸位儿子引见邯郸淳。时曹植正受宠爱，曹操便命邯郸淳去曹植处与其见面。邯郸淳来到曹植的住所，曹植十分高兴，跳舞表示欢迎，接着又兴起背诵小说。最后曹植才整顿衣冠，与邯郸淳纵横古今，评论天下人物及时事，双方侃侃而谈，宴饮啸歌，尽显风流。邯郸淳惊异于曹植的才华及谈吐，惊其为天人，事后逢人便夸曹植俊才。

在当时，人们就誉曹植为"绣虎"，形容曹植文采斑斓，独领风骚。于文学一途，曹植诗、赋、散文样样精通。即使是诗歌方面，曹植也涉足广泛。因此，后人对曹植亦有极高评价。对于曹植的诗歌成就，钟嵘在《诗品》中给予了高度评价，赞扬道："骨气奇高，词采华茂，情兼雅怨，体被文质，粲溢古今，卓尔不群。"至于其散文，《诗品》中说："陈思之于文章也，譬人伦之有周孔，鳞羽之有龙凤，音乐之有琴笙，女工之有黼黻。"就连杜甫都感慨道："子建文章壮。"

曹植的文采替他赢得了巨大的声誉，对于这样一个才华绝伦、冠于一时的儿子，曹操是感到十分骄傲的。因此，曹操才会觉得"始者谓子建，儿中最可定大事者"，并多次想传位于他。可惜的是，曹植到底是文人材料，于政治一途缺少才干，常常表现得"任性而行，不自雕励，饮酒不节"，从而在和曹丕争夺储位的过程中失败。曹植的种种不注意细节的行径让曹操大为生气，最终导致曹操"异目视此儿矣"。

但是，曹丕得立太子后，随着时间的流逝，曹操自觉对曹植有所愧疚。毕竟，曹植曾经是曹操最为宠爱的儿子。因此，曹操便念念不忘，希望在某些方面能够对曹植有所补偿。

曹植虽然极具文人的才华，但他并不满足于仅仅做一名文人。在曹植的心目中，建立政治、军事的永世功业是他的最大理想。曹植在写给杨修的书信中表示："辞赋小道，固未足以揄扬大义，彰示来世也。"这说明，曹植虽然以诗文名世，却不愿自限于此。曹植的理想是"戮力上国，流惠下民，建永世之业，流金石之功",他不屑于仅仅"以翰墨为勋绩,辞赋为君子"。只有在不能完成自己的政治及军事功业的前提下,曹植才会选择笔耕不懈,成一家之言。

曹操作为曹植的父亲,对于儿子的抱负还是有所了解的。所以,曹操想趁着樊城被围,曹仁待援的契机,委曹植以重任,满足曹植建立军功的心愿。曹操决定任命曹植为南中郎将兼征虏将军,派他带兵去解救曹仁。曹植领兵解救曹仁有两大好处,一是,曹植可以建立军功,提高威望,到时就可授予曹植更高的官职作为补偿;二是,曹仁处于苦苦待援之际,曹植前去解难,可以加深曹仁与曹植的关系,为曹丕继位后,曹植地位的稳固打下基础。

此时的曹操,更多的是从父亲的角度而不是政治家的角度入手为曹植考虑。但是,曹植并没有体会到曹操的温情,没有感受到父亲的良苦用心。

曹植本来就有文人的习性,任性而行,喝酒都没有节制。与曹丕争夺储位失利后的曹植,心中抑郁,更是不时地饮酒借以发泄胸中淤积的情绪。曹操在任命曹植为南中郎将兼征虏将军后,还是感到有所担忧,怕曹植难以承担重任,便派人传唤曹植进宫,准备对他有所训诫。然而,使者达到曹植府第,却见到曹植慵懒地躺在地上,衣冠不整,已经喝得酩酊大醉,无法受命去听训诫。使者回到宫中将曹植醉酒的状况如实禀告了曹操,曹操顿时感到愤怒无比,国家正处于危难之际,而曹植却酒醉误事,实在有负所望,这哪里像是统帅应该有的作风。

于是，曹操对于此前的任命感到后悔，撤销了对曹植新授予的官职，没有再让曹植领兵出征。

曹植因为过于彰显的文人性格，几乎彻底毁灭了其在曹操心中的美好形象，此后，曹植再也没被曹操委以重任，也算是自食其果。曹植虽然在细节处理上做得比较失败，但毕竟还是曹操的儿子，只是失去宠爱罢了。而与曹植交好的重要智囊杨修，却因为文人性格，枉送了一条性命。

杨修是太尉杨彪的儿子，袁术的外甥，才思敏捷，因此曹操任命他为主管内外的主簿。当时曹操军国多事，而杨修却处理得条条有理，曹操对于杨修的工作很满意。可惜的是，杨修也是个自负才名的人，自负才名的人，都有点爱耍小聪明，而这点文人习气在杨修身上体现得尤为突出。

关于杨修卖弄小聪明的事，《世说新语》里记载了不少。其中一个是曹操修丞相府，修好后前去察看，却不说话，只在门上写了一个"活"字，旁人都不解其意。杨修却得意地告诉工匠，让他们把门改小一些，门内有个活字就是阔，曹操这是嫌门太大了。还有一次，有人给曹操送来一盒酥糖，曹操吃了一口，随后在纸上写了一个"合"字，杨修见了拿起来便吃，并将酥糖分发给各位大臣，曹操后来问起，杨修回答道，"合"字拆分开来不就是一人一口嘛，这是丞相您的指示，我不敢不执行。

《世说新语》中的这些故事，体现了杨修喜欢表现自己爱耍小聪明的性格。杨修在小事上表现自己也就算了，可惜的是，他还在曹操的军国大事上卖弄才智。杨修在处理公文的时候，驾轻就熟，根本用不了多少时间，于是，他便常常跑出去吟诗弄文，游览名胜。但是，杨修又怕曹操在他溜出去的时候突击检查，询问相关事务。于是，杨修便预先揣测曹操会问什么问题，并把问题的答案写在纸条上，分顺序排好。然后，杨修和手下人说明，让属下在曹操问不同问题的时候参看不同的纸条回答。杨修的这一招从未失过手。然而，有一天，天公不作美，突刮大风，将杨修写给属下的纸条吹得满地都是，他的属下在捡起纸条时将顺序弄乱了，结果，曹操在派人询问问题时，得到的答案乱七八糟，牛头不对马嘴。于是，杨修荒废公务，跑出闲逛的事情暴露。

曹操此人，一代雄才，且有文名，向来十分自负，如今，杨修却表现得能够揣摩透他的心思，在行为上予以欺骗，对于曹操而言，这是难以接受的。此后，曹操对杨修便有了成见，只是看在杨修才干的分上，才未加重罚。

杨修到底是个文人，不仅不加收敛，反而又参与到曹植与曹丕的夺嫡之争中。杨修为曹植出了不少主意，可惜的是，最终，曹植败于曹丕之手。

曹操在立曹丕为太子后，为了魏国大业的长久，便有了进一步巩固曹丕地位的打算。而杨修等人仍聚集在曹植身边，曹操实在难以容忍这样的行为。曹操又联想到汉中之战时，杨修解读"鸡肋"一事，便下定决心要安插罪名置杨修于死地。

杨修被曹操赐死，其罪名是"漏泄言教，交关诸侯"，意思为泄露机密，结党营私，勾结诸侯，蛊惑人心。在《三国志·魏书·曹植传》中，有对杨修被赐死事件的解读，"太祖既虑终始之变，以杨修颇有才策，而又袁氏之甥也，于是以罪诛修"。杨修才智突出，却丝毫不顾忌自己是袁术外甥的身份，反而自恃聪明，且又公然参与到曹操心中敏感的世子争端中，这就是所谓的自陷死地。

　　曹植和杨修，都是当世杰出的人才，出口成章，思维敏捷。古人形容文人的通病便是恃才放狂，恰恰曹植和杨修都有这个毛病，过于彰显自己，却忽略了细节上的成败。从政治的角度来看，曹植和杨修观察事物不够敏锐，是蹩脚的失败者，但是从文学的角度，曹植和杨修无疑都取得了巨大的成功。因才华而扬名，又因才华而招祸，或许这就是曹植和杨修的文人性格吧。

不晃悠的徐晃

关羽率领三万余大军将樊城团团围住，樊城的曹仁几乎是在做着最后的抵抗，曹操派去支援的于禁七军尽数被淹，有去无回。年迈的曹操感到无尽的苦恼，从樊城的情况分析，曹仁已支撑不了多久，如何在最短的时间内，召集最近的部队，让最得力的将领统领，尽量解救樊城之围呢？在卧室内的曹操眉头紧锁，拖着疲惫的身子，来回踱步。

卧室中无限焦躁的曹操突然灵光一闪，一个人的名字进入他的脑中，紧锁的眉头也渐渐舒展，原本佝偻着的身躯也陡然挺立起来。对，徐晃，就是徐晃！曹操兴奋地拍起了巴掌，迅速地叫来侍者，发出了一道军令，命徐晃见令即刻从宛城出发，开拔樊城，解曹仁之围。

宛城，平寇将军徐晃正在军营巡视，检查军备、粮草情况，他刚收到魏王的命令，即将开赴樊城。在曹操最初出兵汉中，准备增援夏侯渊时，曾派徐晃驻屯宛城援助曹仁准备对关羽发起攻击，却没有想到关羽反而先把曹仁给包围了。

徐晃也是曹操手下一员名将，领兵作战的能力极为杰出。军令如山，救人之事不可拖延。所以，徐晃带着五六千士卒向樊城迅速推进。快到樊城时，徐晃从探子口中得知关羽兵力刚收容于禁败退下来的几万降卒，兵力是己方的数倍，自觉暂无能力解樊城之围，如果贸然推进，不仅救不了曹仁，还会把自己手下的几千士兵一起报销，于是打消和关羽硬碰硬的作战方法，决定采用智计。

就在徐晃带领士兵推进到阳陵陂之际，关羽分出一支前哨部队驻扎偃城拦截徐晃。遭到关羽军队阻拦的徐晃部队无法再前进，便在偃城停顿下来。徐晃军刚至，又采用迷人耳目的方法，关羽派来拦截的部队一时无法估计徐晃军的详细数量。徐晃便趁着敌方不知底细的良机，领兵陡然通过隐秘的小径围困了偃城，并挖掘了一道长壕。徐晃挖掘长壕的方法甚是管用，偃城的关羽军以为徐晃军要截断他们的后路，担心孤军被围，会落得全歼的下场，便烧毁营盘，连夜退走。

略用小计，徐晃便轻松占领偃城。在偃城稍事休息，徐晃又率领军队向前推进。徐晃行事谨慎，所带兵力有限，考虑在其他救兵未至的情况下，凭着手下些微军队难以击退关羽，就逐渐放慢推进的速度，在距樊城包围圈不远的地方停下，准备徐图良策。然而，徐晃的做法却被部下诸将误解，他们认为徐晃眼看樊城危机，却按兵不动，不尽力救援，辜负国恩。于是，怀着这种想法的将领们呼叫着责备徐晃，催促他赶紧去救曹仁。

徐晃一天被责备催促数次，实在是有苦难言。就在徐晃犯难的时刻，曹操派去的一名使者发挥了重用作用，他发表了一番言论迅速地稳定了徐晃军中诸将之心，使得徐晃摆脱了背负不救曹仁骂名的窘迫，这个人就是赵俨。

赵俨是文官，此时担任侍郎之职。曹操派他协助曹仁，和徐晃的军队一起行军。徐晃虽然是名优秀的武将，但口才不济，而赵俨作为一名文官，在鼓动人心方面经验丰富。前线杀敌，最忌军心不稳。于是，安定徐晃军中诸将的重任就这样落在赵俨头上。

在一次集体军事会议上，赵俨以特别参谋的身份庄重出场了。他对责备徐晃不战的将领们展开了心理攻势。军中诸将听了赵俨的话，都觉得分析得入情入理，本想表示同意，但又担心曹操治军严厉，万一樊城失守，曹操到时会追究救援不力的责任，都面露犹疑之色。赵俨仔细观察诸将的脸色，心中明白诸将所忧为何，用凝重的眼神扫视一番诸将，然后大声补充道："如有缓救之戮，余为诸君当之。"

赵俨是曹操从中央派来的使者，他的话具有一定的权威性。既然赵俨亲口表示假如有迟缓不发救兵之罪，他一人替大家担当，那还担心什么呢？于是，徐晃属下众将都十分高兴，面露喜色，齐声叫好。

经过赵俨一番话，军中诸将统一了思想，徐晃终于可以放心地实施他的谋略。这时的徐晃，摆脱军中"不救曹仁"的骂名，精神为之一振。他宴饮部下后，便挥军直进，扫除沿途障碍，直抵樊城之下。

徐晃扎稳跟脚后，一面抵挡关羽的进攻，一面挖地道通向樊城内，试图与曹仁交流，同时，徐晃不时派遣勇士避开关羽军的监视射箭书进樊城。徐晃的办法有了成效，樊城内的曹仁及守军见了徐晃的书信，士气大振，平添若干守城的信心，双方用挖地道和射箭书进行联络。

曹操自派出徐晃作为先锋，就近先解樊城燃眉之急后，虽然由于了解徐晃的能力而稍为放心，但曹操明白，徐晃属下仅有几千兵力，难以应付关羽的数万大军。曹操之所以不等各方军队到位，实力足够时再行出兵，便是因为樊城形势过于严峻。因此曹操并不指望徐晃依靠几千士兵来个惊天逆转，打败关羽。曹操的想法是，先让徐晃拖住关羽，不让关羽集中全力攻击樊城，从而为后续部队增援赢取时间。

徐晃抵达樊城后不久，曹操便又派出数支增援部队，源源不断地开往樊城。而这些部队到达樊城前线后，统一归徐晃指挥。得到支援后的徐晃，实力增强，兵力足够，便有了与关羽打对抗战的勇气。徐晃表示，将在几天内击败关羽。

徐晃在短期内击败关羽的豪气并非凭空而发，在与关羽对峙等待援兵的几天里，徐晃已经详细地分析了关羽的军事部署，并已做好充分的准备。徐晃遗憾的仅仅是兵力不够。如今，曹操派来的援兵不断开来，徐晃业已具备与关羽对抗的实力，行动的时刻到了。

时值孙权写信给曹操，希望曹操允许他攻打关羽，为朝廷效力，曹操经过反复思考，觉得将此消息泄露出去，能解樊城之围，便下令徐晃将孙权的手书抄录多份用箭射入樊城内和关羽军营之中。关羽得知，暗暗心惊，攻势有所松懈。与此相反，樊城内却是一片欢呼雀跃的景象。关羽虽然担心孙权攻击江陵，但自负武力，不愿轻舍樊城，并不离去。

关羽不愿走，徐晃下定决心用实力和智谋逼迫关羽撤围。当时关羽率领主力部队驻扎在围头，而剩余部队则屯扎在四冢。徐晃假意放言即将进攻围头，关羽闻得更是加强围头的防备，而四冢的防御则趋于松懈。徐晃见关羽受骗后，秘密地率领部队猛烈地攻打四冢，四冢兵力薄弱，抵挡徐晃的攻击十分吃力。四冢危急的情报送抵关羽之手，关羽才发现上当，关羽心急，便亲自带兵援助四冢。

关羽在樊城围城良久，四周围有十重战壕及鹿角，只余一条道路通往军营，而该条路上防备十分严密，难以攻击。徐晃早就注意到关羽的防御设施非常完善，关羽凭借严密的防护就可立于不败之地。因此，徐晃一直思索着怎样想办法将关羽引出防护圈作战，可惜无论徐晃如何引诱，关羽就是不出。此次，徐晃声东击西，终于将关羽引出，他怎肯放弃机会。

关羽带领五千兵马尚未抵达四冢，就中了徐晃的埋伏。关羽厮杀半日，伤亡甚重，而徐晃又亲领大军加重围困。关羽见势不妙，引兵退走，沿途坠马者亦有不少。徐晃见关羽中计，本自暗中得意，不料关羽不顾勇将之名，便要退去，顿觉一惊。

十重鹿角、堑壕，进攻极其不易，关羽此次中计，退进防御圈内，更会坚守不出，则樊城之围难解。徐晃在脑中略一盘算，盯着前方败走的关羽军马蹄溅起的扬尘，挥鞭直指前方，果断地喊出一声"追"，提马便走，万余大军紧跟其后。

喊杀声、马蹄声盈满樊城外。关羽逃跑的速度很快，不久便来到自家军营前。关羽本想吩咐将士关闭营门，奈何徐晃追击的速度也不慢，一直紧随在其身后，双方兵马一前一后进了关羽军营，关闭营门再也来不及。徐晃就这样冲破了关羽对樊城的包围圈，敌人就在眼前，唯一的作战方式就是短兵相接。顿时，震天的厮杀声充斥了整片天空，曹仁在樊城内闻得呐喊，见到城外厮杀的壮烈景象，心中大喜，自知破围之日已到，高喊出城迎战，领着城中残余士兵也投入了战斗。

关羽久攻樊城不下，心中狂傲之意去了大半，如今又刚遭败仗，心神恍惚间却被徐晃攻进包围圈，遭受内外夹击，逐渐抵挡不住。战斗中，投降关羽的傅方、胡修都被杀死。眼看再无夺取樊城的机会，关羽只好撤围退却。而徐晃和曹仁乘胜追杀，大败关羽，不少敌人无路可逃，跳入沔水被淹死。

徐晃斗智斗勇，击败关羽，拯救了樊城，为此，曹操特意下令嘉奖。曹操认为，"且樊、襄阳之在围，过于莒、即墨，将军之功，逾孙武、穰苴"。曹操夸奖徐晃的功劳超过了古代名将孙武、司马穰苴，由此可见，曹操对徐晃在襄樊战役中的表现的满意程度。

我是关羽我骄傲

关羽是三国时期的熊虎之将,英雄人物。他勇猛善战,谋略过人,可惜却有个最大的毛病,自负。关羽在士大夫等人物面前,倨傲无比,同时自恃功业显赫,迷失于盛名之中。樊城之战,关羽水淹于禁七军,斩庞德,威震华夏,他的盛名到达一生中的顶峰,而关羽的自傲也随着到达顶峰。关羽没有想到,他因自傲开罪孙权,毁坏了孙刘联盟,更导致樊城一战,铩羽而归。

建安二十四年(公元219年),关羽在樊城降于禁,斩庞德,伏曹操属下七军,朝野震动。许都以南,处处有人与关羽遥相呼应,改旗易帜起事,而关羽则授予这些人官职。樊城、襄阳一带的情况十分危急,曹操不得不拖着老病之躯,亲往前线指挥作战。该年十月,曹操抵达洛阳,终因老迈,暂停于此。

关羽其时声威过大，威震华夏，为此，曹操甚至做好樊城等地失守的最坏打算，他召集群臣商议离开许都，以躲避关羽的威风、锐气。丞相军司马司马懿、西曹属蒋济为此提出不同意见，他们劝告曹操，于禁等人战败，是因为大水淹没，并非因为攻占失利，对国家大计没有构成大的损害。刘备和孙权，表面看来关系密切，其实内心很是疏远。关羽得志，耀武扬威，孙权必然不乐意。魏王可以派人劝说孙权威胁关羽的后方，答应孙权把江南之地封与他，樊城之围必解。曹操权衡良久，同意了司马懿和蒋济的建议。

正如司马懿所言，孙权和刘备，表面上维持着同盟的关系，其实各怀鬼胎，都想壮大自身的实力。只是由于曹操势力雄厚，为了对付曹操这个共同的敌人，他们本着政治利益而结合在一起。刘备在夺得益州、汉中以前，势力孤弱，孙权自觉曹操才是最大的威胁，因此，始终与刘备交好。但刘备取得益州、汉中以后，渐渐坐大，孙权顿时感觉关羽镇守的荆州威胁到了江东的安全。

周瑜死后，接替他辅佐孙权的是重臣鲁肃，鲁肃其人，甚得孙权信赖。而鲁肃是江东内部坚定的联刘派，他一直劝告孙权，由于曹操势力仍然存在，应该暂且安抚结交关羽，和他共同对敌，不能失去和睦。鲁肃在世之时，孙权虽然心中对刘备君臣的行为有不满之处，却一直不愿破坏双方间表面的友好关系。

关羽在荆州勤练军队，任用贤能，管理有方，名声显赫。

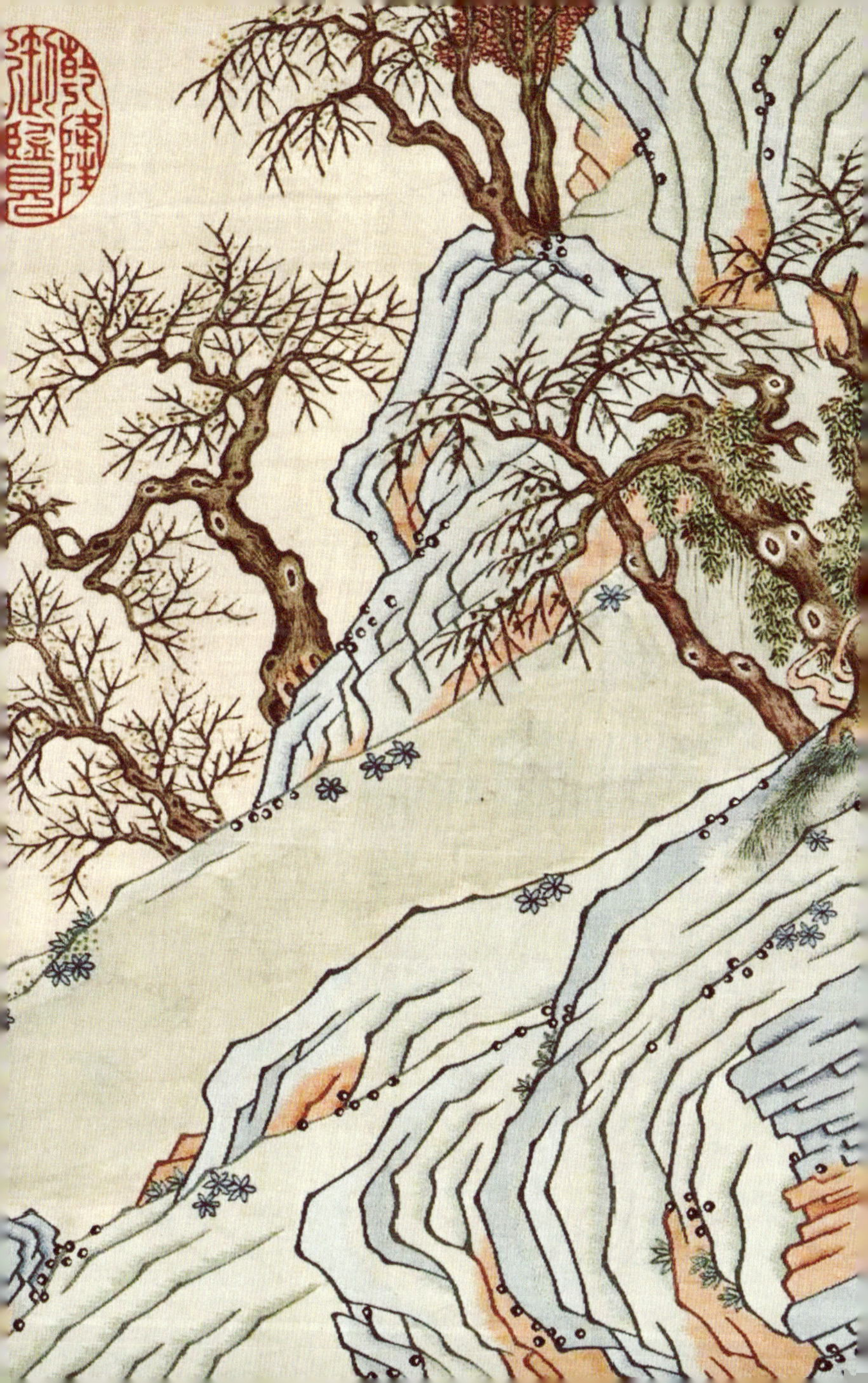

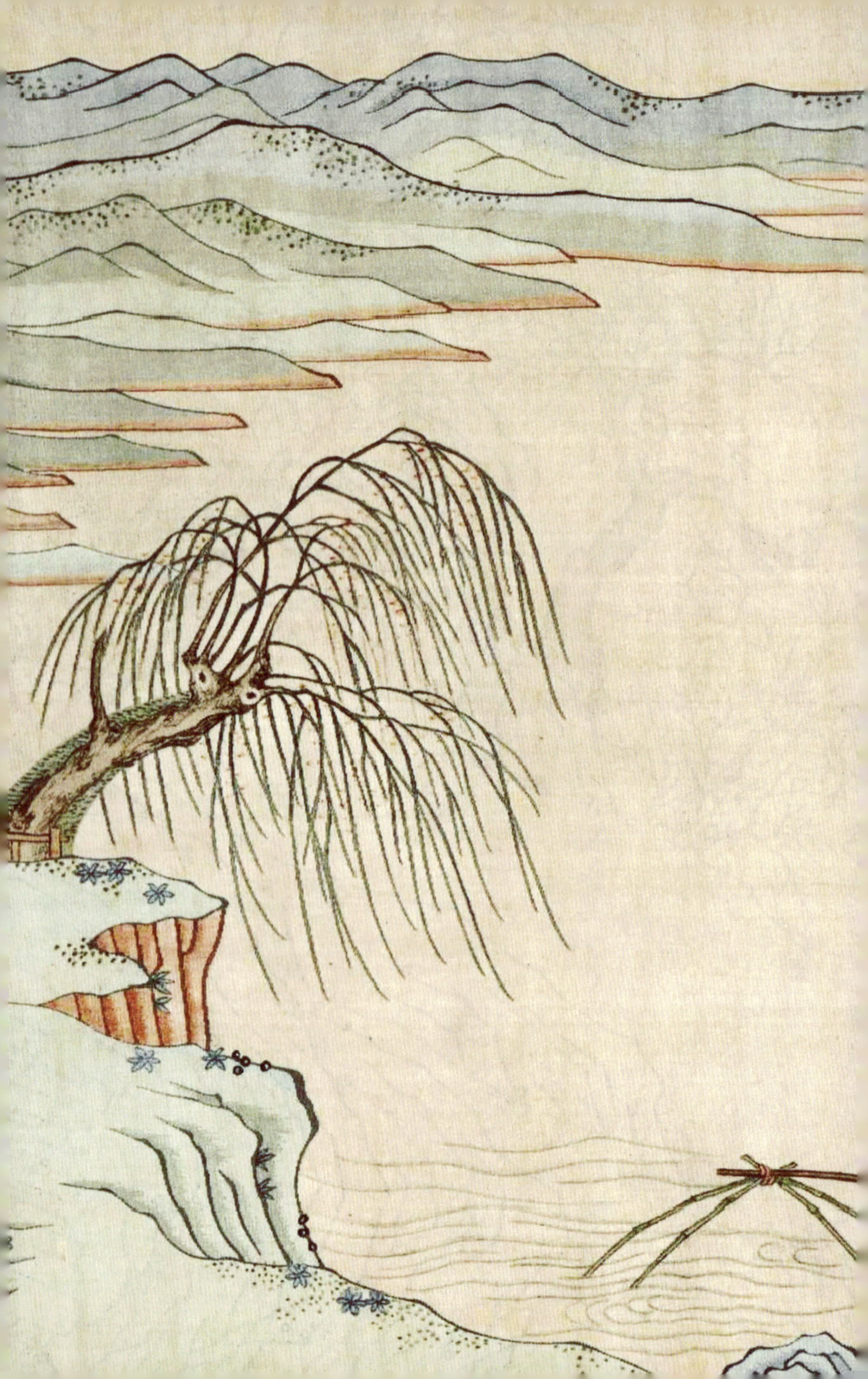

孙权为此想要和关羽联姻，巩固双方间的和睦关系。同时，孙权还有一个隐藏在内心深处的目的，稳住关羽，想以亲家之名拴住关羽的心，不让关羽生出图谋江东的主意。孙权派出使者为自己的儿子求娶关羽的女儿，但他没有想到，却被关羽狠狠羞辱了一把。

据《三国志》记载，关羽此人"善待卒伍而骄于士大夫"。也就是说，关羽对士大夫之流一直秉持着鄙夷的态度。事实上，《三国志》中的说法提得相当婉约，关羽的自傲颇有史例可考。黄忠定军山一战，斩杀夏侯渊，刘备因其功任其为后将军，当时，刘备拜关羽为前将军，而关羽竟然怒气冲冲地表示"大丈夫终不与老兵同列"拒绝接受新官职，幸好刘备派去任命关羽的使者口才颇佳，一番解释，关羽才勉强接受。如果回溯更早，马超来降刘备时，关羽远在荆州听闻马超勇名，居然写信一封直呈成都，想要和马超比试武艺。从上述两例分析关羽的性格，关羽大有"老子天下第一"的味道。

孙权遣使为儿子向关羽求婚，欲娶关羽的女儿。关羽却丝毫没有当回事。在关羽心中，孙权虽然贵为王侯，也大抵是脓包一个。因此，关羽在孙权的使者面前，翻起白眼，斥骂孙权。孙权派来提亲的使者被骂得灰溜溜地跑回江东。孙权听了使者的禀告，感到受到极大的侮辱，震怒不已。

关羽在骂孙权派来的使者时，骂得十分痛快，他估计不把孙权看在眼里，丝毫没有感觉到这种行为会损及孙权与刘备的联盟，更没有想到孙权会因为这事反目成仇，欲取荆州。

孙权向关羽提亲之时，鲁肃已死，接替鲁肃职位的是吕蒙。吕蒙与鲁肃不同，吕蒙是个异常强硬的倒刘派，他视刘备、关羽为江东最大的威胁。吕蒙认为关羽野心很大，营地又在孙权附近，孙、刘两方保持表面上的友好关系的形势难以持久。于是吕蒙趁着机会，建议孙权派孙皎守南郡，潘璋守白帝，蒋钦的军队在长江一带灵活机动，打游击战，自己据守襄阳，这样就可以牵制曹操，也不需要关羽的支持。

吕蒙在心理上打消孙权对于曹操的顾虑后，再进一步鼓舞孙权取荆州的决心。孙权听了吕蒙的话，细思刘备此前借江陵不还、关羽倨傲羞辱于他的行为，觉得很有道理。就在孙权有了与刘备决裂的心思的时候，曹操的使者到了。孙权不满关羽的傲慢，又见关羽降于禁七军，觉得受到严重的威胁，想要攻打关羽。而曹操为了解樊城之围，需要拉拢孙权。于是，双方一拍即合。孙权向曹操写信表示，坚决拥护曹操，愿意率领一支军队，讨伐关羽，为朝廷效力。

孙权表态将要攻打关羽，又提防刘备、关羽得知后会布置重兵驻守南郡，因此在各项准备工作做充足前不愿泄露出来。所以，这件事只有吕蒙等少数高级将领知道。吕蒙当时驻扎在陆口，他特意向孙权上书一封，告知孙权对付关羽的初步战略。吕蒙看透了关羽的心思，他的计策就是以诈病之名返回建业，降低关羽的警惕心。继上书后，吕蒙称病在家。孙权看了上书便召吕蒙回来，让吕蒙到建业治病，暗中却准备与他策划大事。

吕蒙在回建业的路上经过芜湖。江东的另一个杰出将领陆逊驻扎于此。陆逊此前并不知晓吕蒙的计划，见到吕蒙离开陆口重地，便向吕蒙表示他的担心。

陆逊也是个倒刘派，将关羽视为孙吴的头号敌人。所以，陆逊在平常没少做搜集情报、分析关羽缺点的工作。此刻，他见到吕蒙因病返回建业，头脑中迅速地明确了一个信息，这是除掉关羽的大好时机。

吕蒙经过与陆逊的一番交谈，明晰了陆逊的政治态度与立场。吕蒙感到，陆逊这个将领，虽然年轻，但是见识不凡，实在是不可多得的帅才。原本，吕蒙想以病字诀来麻痹关羽，但是通过陆逊对关羽骄傲自大的性格缺陷的分析，吕蒙又有了新的想法。自傲之人，用骄兵之计来对付他，最合适不过。一个宏伟的计划在吕蒙的心中逐渐酝酿开来，吕蒙思索着，在自己离开陆口的日子里，必然要找一名新统帅代替职位，如果让一名名不见经传的将领接替我，向关羽表示臣服的态度，更能勾起关羽的自大心，彻底麻醉他。

孙权在王宫设宴接待远途归来的吕蒙。席中，两人把酒言欢，十分欢畅。酒到兴头，孙权带着欣赏的眼光看着他的爱将，温和地询问谁可接替吕蒙驻防陆口。听到孙权的问询，吕蒙沉思片刻，一下想起了一个人。对，就是陆逊！陆逊不凡的谈吐与才干在吕蒙心中留下深刻的印象，让陆逊行使骄兵之计，无疑最为合适。吕蒙毫不犹豫地回答说："陆逊可替！"

陆逊，孙权并不陌生，当吕蒙刚刚说完，孙权便在头脑中泛起一个外表温文尔雅，眼神中却写满坚毅的才俊形象。陆逊，出身江东世家，二十一岁时以才名应召入孙权幕府，成为孙权的得力幕僚。他在担任孙权幕僚时，为孙权出过不少好主意。后来，孙权有心锻炼他，任命他为海昌县令，陆逊对百姓非常仁慈，多次开粮仓救济贫民，又帮助民间发展生产，有力地应对了海昌境内的大旱。当时，会稽有许多黑户，陆逊知道后，采取措施，挑选其中强壮的男子留下作为部下，其余的人分配农田给他们耕作。举措十分得当。在军事上，农民依附豪强，组成武装依山凭险，反抗官府，对抗孙吴政权，这些人被官府称为山贼。会稽有名山贼头领潘临，造反多年，官府无法平定，陆逊却迅速地将其讨平，表现出了卓越的军事才干。此后，陆逊又平叛鄱阳尤突作乱，立下汗马功劳。孙权对于陆逊的表现十分满意，还将孙策的女儿嫁与他，并时常找陆逊商讨治国大策。

吕蒙提到陆逊，孙权心中已有了初步的判断，吕蒙的选择没错，但孙权还想听听吕蒙进一步的解释，于是，他没有表态，继续微笑着看着吕蒙。吕蒙感受到孙权目光中的期许。他认为陆逊有远见，有能力，可以委以重任。而且陆逊行事低调，派他驻守陆口可以掩人耳目，打探消息。必要的时候，可以做内应。孙权满意地点了点头。

吕蒙与孙权经过秘密协商，敲定使用陆逊接替吕蒙职位，采取骄兵之计对付关羽。于是，一封急信由建业直抵芜湖，孙权召陆逊进见，任命他为偏将军右都督代替吕蒙驻守陆口。

樊城的关羽耳闻孙权最近的军事变迁，只是摇头冷笑，陆逊这种小辈，尚不在他眼中。关羽没有想到，江东君臣已经部署妥当，扎下一个大口袋，仅仅等着他往里跳。自傲之人亦有受挫之时，过于傲慢的关羽很快将会尝到痛苦的滋味。

这回彻底栽了

孙权君臣定下骄兵之计,而关羽还蒙在鼓里,关羽将吕蒙等人的示弱看成理所当然,逐步放松南郡的防备。就在关羽最为大意的时候,吕蒙终于出手了。建安二十四年(公元219年),沿长江一途,突然多出若干条商船,船上的人有着共同特点,都是穿着白衣服。这些正是吕蒙属下伪装的军队。

吕蒙自明确向孙权表示想要攻取关羽后,虽然暗中准备,表面却不露神色。据《三国志》记载,吕蒙自接替死去的鲁肃,驻兵陆口,不仅没有显现出半点与关羽作对的样子,反而加倍与关羽发展亲密友好的关系。吕蒙以书信等多种方式向关羽表示,我们主公与刘备是老朋友了,我虽接替鲁肃,但不会改变双方交好的一贯政策,只有曹操是我们的共同敌人。

对于吕蒙示好的举动,关羽看在眼里,因此,他虽然对孙吴军队有所提防,但不过分担心。关羽未能看出,吕蒙不与他作对，仅仅是因为还未到合适的时机。

关羽攻樊城后，后方兵力防备薄弱，吕蒙觉得机会来了，才诈病而还。陆逊接受孙权的任命，迅速抵达陆口，接替吕蒙作麻痹关羽的后续工作。关羽作为久经沙场的名将，虽然忙于樊城战事，却并没有忽视江东的动向。陆逊接替吕蒙驻防陆口的消息很快便传到关羽耳中。陆逊，仅仅是一名青年将领，未曾听闻有过任何杰出战绩，却代替声名显著的吕蒙把守陆口如此紧要之处，关羽一时搞不清孙权的用意。

其时，徐晃等曹军来援，关羽进攻樊城进入僵持状态，为了应对多出的敌人，关羽急需更多的兵力补充。然而，吕蒙以养病之名回建业，关羽仍不敢掉以轻心。他虽然有着调动荆州后方守军围攻樊城、襄阳的心思，却还是害怕孙权陡然间发动攻击，占领江陵，因此，迟迟不发布调用南郡一带守军赴前线支援的命令。

关羽不动用荆州的后备守军，却急坏了刚任新职的陆逊。陆逊在被孙权召回建业的时候，亲耳聆听了孙权和吕蒙的计谋，他十分明了自己赴陆口就任的目的。荆州经过关羽多年经营，防备设施十分完善，此外，关羽又留下众多兵力守护，孙权如果派军强行攻取，势必伤亡过大。要想不费吹灰之力地占领江陵，唯有让关羽放心地将守军调往樊城。陆逊的工作就是，进一步松懈关羽的防备心理，使得关羽安心地调出大部守军。

为了实现孙权顺利夺取江陵的目的，陆逊决定立刻开展行动。事实证明，陆逊虽然年轻，却确实是见识高明，谋略深远。因为，他仅仅用一封信就搞定了关羽。

陆逊在陆口，没有展现丝毫新将领上任的魄力，既不整顿军务，也不安抚吏民。陆逊做的第一件事就是给关羽写信。陆逊的这封信文采斐然，显得很像书生。信中主要有四部分内容：第一部分就是吹捧关羽，赞颂关羽的赫赫功绩。这部分主要是说关将军观察细致，治军有方，在樊城之战中以小规模的行动获得重大胜利，实在是太了不起了，您的功绩简直连白起、韩信都无法比拟；第二部分则是向关羽表示祝贺。陆逊表示，关将军您取得樊城大捷，威震华夏，江东这边听了您的喜讯无不欢呼雀跃，拍手称快；第三部分，陆逊故意贬低自己，借以抬高关羽。陆逊指出，我陆逊是个不智之人，十分愚钝，只会看点书，说两句空话，却不知道为什么被主公派到陆口重镇驻防。接着陆逊话锋一转，陆口与关将军您的驻地毗邻，我向来仰慕关将军的风采，正好可以趁着这个机会向您好好学习，还请您多多指教，希望能够领受您高明的谋略；第四部分，陆逊对关羽表示关切，假装提醒。陆逊提出，曹操是个狡猾的敌人，一定会因失败愤恨而增兵，虽然曹军刚打了败仗，但毕竟还有些优秀的将领。人们在获胜后，容易产生轻敌思想，希望将军您能够克服，更加小心谨慎，以便取得更为辉煌的胜利。

陆逊的行动讯息早由关羽派驻荆州的耳目报送过来，关羽对陆逊无所作为很是轻视。如今，关羽又接到陆逊的书信，顿时觉得十分安心。信中,陆逊的言辞十分谦恭,关羽戴着陆逊扣的高帽子感觉很是舒坦,他感觉陆逊在信中一片好意,还提醒我小心曹操,完全是我们自己人的模样嘛。对于向我表示依附的人来说,还有什么值得提防的呢?关羽飘飘然地想着。

吕蒙示好,陆逊示弱,逐渐骄纵的关羽警惕性慢慢消失。他就像一只被投入温水中的青蛙,觉得全身无一个毛孔不畅快,却浑然不觉水温正在慢慢升高。终于,迷失自我的关羽对孙权不再有所戒备,将防守荆州的军队一批批地调入樊城支援。

关羽的言行被陆逊一一记录,尽数报告给孙权。同时,陆逊还指出能够擒获关羽的要诀。温水就快变沸,关羽的死期将至。到时,呈现在关羽面前的,不会再是孙权君臣谦恭的面容,而将是闪闪发光、高举待发的屠刀。

荆州地界的守军被关羽撤走大半,此时,正是孙权进军荆州的最好时机。然而,孙权稍有犹疑,刘备与孙权虽然仅是表面交好,可孙权到底不愿亲自破坏二人之间的联盟,只有找到充分的理由才好发兵进击。恰在此时,关羽又因他的傲慢无礼为孙权攻取荆州提供了一个良好的借口。

据《资治通鉴》记载,关羽在樊城一战,接受于禁等人的降军数万人,粮食不足,军队断粮。被骄傲冲昏头脑的关羽不与孙权商量,便擅自取用孙权屯放在湘关的粮米。瞧关羽的举动,仿若拿自家粮草一般,心安理得。关羽擅取孙权粮米的行为,既激怒了孙权,又为孙权攻取江陵提供了充足的理由。

预谋良久的孙权下令，派兵袭击关羽。孙权的部署是，吕蒙担任统帅，征虏将军为后援，直取荆州。驻扎在陆口的陆逊也没闲着，被孙权任命为先锋，攻占宜都，再取房陵、南乡等地。

吕蒙领兵进取荆州，欲夺南郡。他抵达寻阳后，把精锐士卒都埋伏在大船中，并让平民百姓站在船头摇橹，穿上白衣服，扮成商人模样，昼夜兼程赶路，历史上把这件事称为"白衣渡江"。在行军的路上，凡是碰到关羽设在江边的巡逻哨所，吕蒙就命部下把那里的官兵都关押起来。吕蒙的行动相当隐秘，设置的岗哨又被毁，因此，关羽对吕蒙进军南郡的事情一无所知。

关羽为人一向自傲，他驻扎在荆州之时，侮辱过不少将领。南郡太守糜芳屯兵江陵，将军博士仁扎寨于公安，他们都对关羽轻视自己十分不满。自从关羽出兵樊城后，糜芳、博士仁担负供给军粮物资的任务，不能完全做到及时。关羽因为此事，破口大骂道"还当治之"。关羽位高权重，他亲口说出"回来再整治你们"的话，糜芳和士仁全都恐惧不安。

吕蒙知晓糜芳、博士仁与关羽不睦之事，在抵达南郡后，便派遣使者引诱糜芳、博士仁投降。糜芳和士仁眼见吕蒙兵力雄厚，凭自己些许守兵难以抵挡，又畏于关羽的恐吓，就一起投降了吕蒙。

吕蒙不费一兵一卒占领江陵后，放了被囚禁的于禁，俘虏了关羽及其将士们的家属。吕蒙的想法是，凭借关羽及其将士的亲属，动摇关羽的军心。因此，吕蒙下令，抚慰被捉的俘虏，不得骚扰百姓和向百姓索取财物。吕蒙帐下的亲兵，与吕蒙是同乡，从百姓家中拿了一个斗笠遮盖官府的铠甲，都被吕蒙以破坏军法的缘故杀掉。一时，军中震恐，南郡道不拾遗。此外，吕蒙为了收复南郡人心，还在早晨和晚间派亲信抚恤老人，给病人送去医药，赐予饥寒之人以衣服和粮食。

关羽最后在樊城被徐晃军击退，又闻得南郡失守，心中惶惶，引兵南撤。在撤退的过程中，关羽多次派使者与吕蒙联系，而吕蒙则利用机会，厚待关羽的使者，允许他在城中到处走动。吕蒙善待俘虏的工作做得很到位，南郡家家户户向关羽使者反映的都是吕蒙好的一面。使者返回关羽军后，关羽的部署私下里向他询问家中情况，得知家属平安，所受对待超过以前，便都无心再战。

关羽眼见部下毫无斗志，自知江陵难以取回，很是沮丧。偏巧孙权又在这时候率领大部队抵达江陵。关羽对比双方实力，见自身势孤力穷，就逃往麦城。逃到麦城后，孙权派人诱降他。关羽伪装投降，把幡旗做成人像立在城墙上，然后逃遁。此时的关羽，英雄日暮，仓皇窜逃，士兵在逃跑的过程中都跑散了，留在他身边的只有十余名骑兵。

孙权早已料到关羽会逃走，事先命令朱然、潘璋切断关羽的去路，建安二十四年（公元219年），潘璋手下的司马马忠在章乡擒获关羽及其儿子关平。孙权气愤关羽傲慢无礼，江东众将皆知，潘璋等人邀功心切，得令后即斩杀关羽。一代名将，就此画下生命的句号。

关羽被杀，孙权得全荆州，心情舒畅，大封功臣。论及功劳，吕蒙居功至伟，该年，孙权任命吕蒙为南郡太守，封孱陵侯，赐钱一亿，黄金五百金，可谓恩宠有加。然而，孙权的封爵还没有颁下，就碰上吕蒙疾病发作。

此时的吕蒙，已成为孙权的栋梁之臣。孙权心中清楚，吕蒙多病，却不顾残弱之躯，亲讨关羽，再次为他孙氏江山立下不朽功业。如此忠臣，孙权绝对不愿让他死！孙权当时住在公安，特意把吕蒙安置在他处内殿中，千方百计为吕蒙治病。

吕蒙病情严重，治病中不时需要用到针灸。孙权为吕蒙遭受病痛的折磨而感到伤心难过，既想经常观察吕蒙的状况，又担心会劳动吕蒙起身迎接累着他。为此，孙权特意在墙壁上开一小孔，以便看到吕蒙的情况。吕蒙若能吃下饭食，孙权就感到很高兴，有说有笑；吕蒙若难以进食，孙权便会唉声叹气，不能入睡。

尽管孙权是如此疼惜他的爱臣，吕蒙终究还是因病情逐渐加重去世。吕蒙死时，年仅四十二岁。孙权哀伤上天过早夺取吕蒙的生命，未能让吕蒙继续发挥才干辅佐他，悲痛得都变瘦了。

关羽一生战功显赫，名扬天下，却因为骄傲自负，好大喜功而失去性命。吕蒙以病弱之躯，实现终身的愿望，为孙权扫清关羽的威胁，达到个人名望的顶峰，却因为病重去世。刘备和孙权同年失去大将，各自的遗憾可想而知。

模糊的背影

在三国时期,有位著名的叛将,他先附刘璋,再依刘备,后归曹魏。刘璋、刘备手下,他不被重用,叛降曹丕后,却被誉为"将帅之才",备受重视。这样一位人物,却只在历史中留下模糊的背影,《三国志》及《匈奴汉国书》都不见专门的传记记载。他就是孟达。

孟达,其父为凉州刺史孟他。由于出身官吏家庭,孟达自幼接受过良好的教育。后来孟达家境衰落,便来到益州投奔刘璋。孟达与法正交好,曾作为法正副手,一齐前去迎接刘备入蜀。刘备取得益州后,因孟达有功,封他为宜都太守。

汉献帝建安二十四年(公元219年),刘备令刘封与孟达一齐攻上庸,二人顺利完成任务。刘备便任命刘封为副军将军,孟达为其辅助,同守上庸。

据《三国志·刘封传》记载,关羽自从围困樊城、襄阳以后，多次向刘封、孟达打招呼，让他们发兵帮助配合。然而，刘封、孟达以领地中的人民刚刚归附，人心未稳，事务繁忙为由拒绝执行关羽的命令。此后，关羽在樊城一战受挫，败走麦城，最后被孙权部将杀害，刘备因此怨恨刘封和孟达。

分析《三国志》中的记载，关羽与刘封、孟达等人并无实际上的直接统属关系，关羽派人要求刘封、孟达发兵配合，刘封、孟达完全可以有充分的理由拒绝。况且，上庸一带的确是军事要地，贸然出兵不甚妥当。而关羽的死与他刚愎自用、好大喜功的性格有着极大的关系，刘备因此对刘封、孟达有怨恨之意实属不当。然而，关羽是刘备心爱的将领，刘备因痛失爱将而恼怒莫名，迁怒刘封、孟达，却也极有可能。

事实上，上庸的真正统领是刘封，孟达根本没有统领守军的权责，刘封不出兵救援，孟达也没有办法。孟达莫名其妙地背上不救关羽的罪名，十分冤枉。

从一件事上便可以判断，孟达无法在决定是否救援关羽的问题上定夺。据史书记载，刘封与孟达关系不好，常常争吵，刘封以顶头上司的身份压迫孟达，孟达却无法反驳。刘封欺凌孟达做得最为出格的一次便是抢夺了孟达的军乐仪仗，"与达忿争不和，封寻夺达鼓吹"。

军乐仪仗是身份及地位的象征，刘封却不顾孟达的面子，强行抢走孟达的军乐仪仗，这无疑是对孟达最大的侮辱。然而，史书中尽未见记载孟达对此有何报复行动。结合刘封的身份可以分析，孟达的表现一定是忍气吞声。

试问，连军乐仪仗被抢夺都无能回击的孟达，又如何能在是否救援关羽的问题上拍板呢？因此，刘备就算要追究责任，也只能追究到刘封头上去，毕竟，刘封才是上庸地区的最高军事领导人。然而，事情远比上述分析复杂。关羽身亡，孟达切切实实地感受到莫大的恐惧，他害怕独自承担罪责。孟达有此想法主要是因为刘封的特殊身份。

刘封是刘备的义子，刘备的重点培养对象。关羽战死，刘备震怒，他带着激愤追究责任，很有可能惩罚未出兵支援关羽的将领。但是，刘备有百分之九十的可能不会责罚到刘封，毕竟父子情深，而孟达既非心腹，又是刘璋降将，大有列为罪魁祸首的态势。退一步说，即使刘备只追究刘封，刘封也很有可能将罪过推脱到孟达身上，连抢夺军乐仪仗的事情，刘封都做得出来，区区推诿责任又算得了什么。

感受到死亡威胁的孟达越想越惊，留在上庸，可能会被刘备治罪。即使不被治罪，跟随刘封如此霸道的上司，也没有什么前途。要想保住性命，投降曹魏或许是最好的方法。

汉献帝建安二十五年（公元220年），孟达因惧怕刘备治罪，怨恨刘封抢夺鼓吹，带领部曲四千余家投降曹丕。临行前，孟达给刘备留下一封辞表，表中流露出被迫叛国的无限伤悲与无奈之情。

孟达降魏，成都震动，曹丕则喜气洋洋。对于初即魏王位的曹丕而言，孟达的投降是献给他继承魏王的最好礼物。曹仁在樊城被围数日，于禁投降，庞德被杀，魏国丢尽颜面。而孟达恰恰在曹丕即魏王的时候前来归顺，完全可以把他作为最好的宣传媒介，打击刘备的士气。

曹丕迅速派出信赖的大臣，代表他前去探望孟达。当这些大臣在返回邺城后，曹丕问及孟达才品，大臣们都说，孟达有着"将帅之才"，是"卿相之器"。曹丕闻得益发喜悦。后来，孟达亲自来邺城拜见曹丕，曹丕与他谈话，感慨孟达"进见闲雅，才辩过人"，对他十分喜爱。

最后，曹丕看重孟达才貌双全，任命他为散骑常侍，建武将军，并封平阳亭侯。兼任新城郡的太守，负责西南面的军政事务。

曹丕对于降臣孟达过于器重，以至于曹丕手下旧臣都看不下去。行军长史刘晔跳出来说孟达的坏话。刘晔的话有两个意思，一是，孟达人品不好，不可信赖；二是新城郡位置险要，让孟达这种反复无常之人任太守，太不妥当。然而，曹丕根本不听刘晔的话，他还是派遣征南将军夏侯尚、右将军徐晃和孟达一起攻打上庸。

曹丕的手段其实很高明，孟达乃上庸原来的守将，熟悉地势，军情。派孟达和夏侯尚、徐晃等人一起攻打上庸，正好可以发挥孟达的优势。此外，孟达与名将徐晃等人在一起，也掀不起什么波浪。至于孟达任新城郡太守后，是否会背叛，曹丕更不担心，连孟达都控制不了，他还怎么执掌天下呢？曹丕表面上是如此的信赖孟达，孟达不敢不竭尽全力以报。他决定，利用与刘封曾经的同事关系，劝降刘封，兵不血刃取得上庸，作为他效忠曹丕的证明。

刘备在无子之时，收刘封为义子，有让刘封接班的意思。然而后来，刘备夫人生下刘禅，刘备便打消了让刘封接班的念头。刘备称汉中王后，立刘禅为王太子，却让刘封远驻上庸，隐约已有疏远之意。孟达对于刘备的心思看得十分清楚。为此，孟达给刘封写了一封劝降信。

信中，孟达告知刘封，在权势和利益的影响下，亲人都能变为仇人，更何况没有亲情关系呢！接着，孟达告诫刘封"今足下与汉中王，道路之人耳，亲非骨肉而据势权，义非君臣而处上位，征则有偏任之威，居则有副军之号，远近所闻也。自立阿斗为太子已来，有识之人相为寒心。"

孟达的意思是，刘封和汉中王刘备如今不过是行同路人，论亲情并非骨肉却身居权势之位，论关系并非君臣却又很高的官位，出征则有领兵独自征伐一方的权威，居于朝中则有副军将军的官号，这些都是远近所知的事实。自从刘禅被立为太子以来，有见识的人都为刘备赐予义子以高位而感到寒心。

接着，孟达替刘封揣摩刘备的心思，在旁人的挑拨离间之下，刘备为了巩固刘禅的地位，已经对刘封产生疑心，害怕今后起来造反。之后，孟达劝说刘封，危机已经到了一触即发的境地，如今投靠曹丕还有活命的机会。如果在我们大军压境的威胁下，回到成都，那就一定会招致祸患，我窃为您感到不值。

劝降信末，孟达还用高官厚爵诱惑刘封。接到孟达劝降信后的刘封，沉思良久，自觉凭借自己和刘备的关系，尚不至于到达孟达所说的地步，便不作回复，领兵顽抗。刘封对刘备表示忠心，可上庸境内的申仪、申耽兄弟却不与他一条心。这两人原本便是魏国将领，迫于形势投降刘备，如今见到曹丕大军压境，心生惧意，就又投向曹魏。刘封孤掌难鸣，兵败逃走。

刘封回到成都，本以为刘备会顾及义父子的情义，即便不加安慰，也会免于责罚。然而，刘备却怪他逼走孟达，又没有援助关羽。刘封受到如此待遇，郁郁不乐。

诸葛亮深知刘封性格冲动刚烈，怕刘备去世之后难以控制便前去劝说刘备。诸葛亮对刘备说，刘封位高权重，又性格刚毅，主公百年之后，难免他依仗主公义子的身份生出不臣之心，那么世子刘禅可就危险了。刘备听了诸葛亮的话，反复思量，非常担心。

此时的刘备，年已老迈，害怕死后刘禅难以驾驭刘封，如果不乘自己还活着的时候把这件事处理好，将来必成后患，便听信了诸葛亮的话。于是，刘备宣布刘封不援关羽、逼降孟达、失守上庸三条罪名，命刘封自杀。

刘封在使者宣布命令时，痛哭流涕，感慨地说自己真遗憾当初没有听从孟达的劝告。随后，刘封自尽而亡。刘备闻得刘封的遗言，念及当年情义，也伤痛得流下眼泪。刘封的下场正如孟达信中所言一般，可叹孟达的确见识高远，而刘封竟不能用孟达之言，这才沦落至被赐死的境地。

第三章

各自登位：再见吧汉朝

我爸爸的就是我的

汉献帝建安二十五年（公元220年），一代枭雄曹操的生命走到尽头，于正月在洛阳驾崩。曹操的文治武功均极其出色，他的逝世对于魏国夺取天下的未竟事业无疑是巨大损失。一时间，军队骚动，人心不稳。能否顺利继承曹操之位，安定天下，曹丕面临巨大的考验。

建安二十四年（公元219年）十月，曹操于洛阳驰援樊城曹仁，驻军摩陂。不久后，樊城围解，曹操回师洛阳。次年正月，曹操抵达洛阳。

曹操患有偏头疼，且年已老迈，病痛甚多。为了解救曹仁，曹操不顾羸弱的身躯，抱病亲征，远途跋涉，又感风寒，终于病倒。到洛阳后，曹操再也无法支撑劳累的身体，只好就地休养。倒于病榻之上的曹操，形容枯槁，两眼浑浊，头顶的白发无力地趴在脑门。很难想象，如此颓落的一位老人，就是当年叱咤风云、扬鞭跃马、驰骋千里的曹操。

随军大臣虽然竭尽全力请来名医为曹操医治，然而，曹操的身体还是江河日下，再难救治了。最初，曹操尚能略进饮食，吃下一点儿米饭，到最后，曹操已到饮食难进的地步，只能勉强吞下些许流质食物。病中的曹操时常昏迷，醒来却又喃喃自语。有一次，曹操精神稍微好转，便强撑着身子召见大臣，询问孙权和刘备的近况，仅仅聊过数句，便黯然垂首，摆手吩咐大臣退下。

此时的曹操尚且念念不忘统一天下的大业，他不放心曹丕，只想为儿子留下最为稳固的江山。可是，曹操的身体已经不允许他再操劳军国大事了。这位老人，凭借着最后一股勇气，试图和无情的病魔抗争。

正月二十二日夜，精神日趋倾颓的曹操突然焕发生机，脸上现出很久未见的雄霸之气，话也能说得清楚，病情似乎有了起色。在曹操内室侍奉的小黄门对此感到十分惊喜。曹操也换上难得的微笑，示意他召谏议大夫贾逵等人晋见。小黄门兴奋地跑出去传达曹操的命令，贾逵等大臣很快来到曹操的寝宫。

久病成医，被病魔折磨得不成人形的曹操自知，上天突然赐予的精神仅仅是回光返照而已。到了嘱托后事的时候了，曹操想着，这才召见贾逵等人。见到贾逵等大臣，曹操挣扎着坐起，略微摆手，示意他们不用多礼。

曹操的话说得很慢，然而很是清晰，他在尽量节省着仅余的能量。贾逵等人垂首在侧，静静地听着。

曹操的声音越来越低，说得越来越缓慢，一番话说完，仿若用尽全身的力气，默然良久，眉头紧缩，好像在思索着什么。贾逵的轻呼将曹操唤醒，曹操努力睁大双眼，仔细地看了看贾逵他们，却不说一句话，陡然间徐徐地挥挥手，示意他们出去，然后慢慢地向后躺下。贾逵忙扶曹操躺到床上，和其他大臣一齐告退。

正月二十三日，早晨，曹操嘱托后事后不久，一条惊人的消息从寝宫传出，魏王驾崩了！曹操终究还是没能战胜病魔，怀着无尽遗憾离开了他曾奋斗过的世界。

曹操的死震动了整个洛阳。其时，曹丕还在外驻守，洛阳方面已经躁动不已，决定不公布曹操去世的消息。以免人心不稳，危及社稷。谏议大夫贾逵提出反对意见，他认为不应该保守秘密，事情早晚要公布，不如早告知天下，以便曹丕从容处理。洛阳众臣这才把曹操驾崩的消息公布出去。

噩耗传出，鄢陵侯曹彰特意从长安赶来表达他的哀痛。当时，曹彰询问贾逵魏王的印玺放在何处。贾逵心知曹彰手握重兵，又是曹植的支持者，害怕引起争端，便义正辞严地告诉曹彰说继位人早已选定，其他人不应当越权过问。曹彰面对强硬的贾逵，自觉理亏，便不再发问。

当曹操在洛阳驾崩的消息传到邺城的时候，太子曹丕恸哭不已。曹丕面对父亲的死，难以接受。为此，中庶子司马孚劝谏他要以国事为重。司马孚的一番话彻底点醒了曹丕。孙权和刘备久有野心，很有可能趁父亲死去之机出兵伐取中原，而魏国失去君主，正处于一片混乱之中，身为太子还不立刻站出来主持大局，那么很有可能天下易主。

曹丕决定暂忍哀伤，召集百官商议大事。可是，摆在曹丕眼前的是一幅烂摊子，群臣刚刚听到曹操去世的消息，相聚痛苦，场面十分混乱。此时，司马孚再次挺身而出，司马孚的喊叫并未起到多大作用，曹丕只好命令群臣退出朝堂，安排好宫廷警卫，处理曹操的丧事。

在朝野内外混乱不堪的情况下，一个权威的女人站了出来，给予曹丕有力的支持，她就是曹丕的母亲，魏王后卞夫人。

卞夫人，其名不详，史书中未见记载，这里暂称之为卞氏。卞氏出身贫贱，其父母都以卖艺为生。因此，卞氏自幼跟随父母四处卖艺。卞氏二十岁时，来到安徽，曹操在谯县见其姿色过人，便纳之为妾。后来，卞氏又跟随曹操到洛阳任职。

卞氏由于自幼飘零，历经磨难，见识深远，处事果断。有史例为证，董卓之乱时，曹操东出避难，就在曹操出逃不久，袁术捎来曹操死在外边的坏消息。这一消息弄得曹府人心惶惶，当时跟随曹操到洛阳的随从全部想要回去。在这样的关键时刻，卞氏果断地站了出来，按捺住内心对丈夫吉凶难测的不安，亲自劝说将要散去的随从。曹操的随从听了卞氏的话，感到缠愧不已，纷纷打消逃走的念头，留下来等候曹操的消息。

卞氏果断处理随从叛逃的事件被曹操得知，曹操感到卞氏非同一般。此后，曹操废黜正室丁夫人，便立卞氏为继室。因为卞氏贤良淑德，曹操将那些没有母亲的儿女们，都交给她养育。卞氏为曹操生下四个儿子，曹丕、曹彰、曹植、曹熊。当曹丕被立为太子后，侍臣们都向卞氏表示祝贺，并向卞氏要求赏赐。卞氏却从容地拒绝了。近侍大臣将卞氏的话告知曹操，曹操听了十分高兴，他觉得，在愤怒的时候不改变表情，高兴的时候不失去节制，这是很难得的事。因此，曹操认定卞氏有母仪天下的风范。

汉献帝建安二十四年（公元219年）七月，曹操不以卞氏出身卑贱，立其为王后。曹操在昭告天下的文书中表示，夫人卞氏，品德贤良，有作为母亲典范的美德，故而进其位为王后，百官应为这件事一起祝贺。

卞氏深受曹操喜爱，又身为魏王后，在支持曹丕迅速继位魏王方面无疑最有发言权。而卞氏在时局不稳的关键时刻，恰恰有力地支持了曹丕一把。

曹操去世后不久，得到卞氏支持的曹丕，为免人心不稳，危及社稷，决定立刻继位魏王。于是，曹丕在一天之内，召集百官，安排礼仪，准备妥当。次日，卞氏以魏王后的身份，拜曹丕为魏王，继承曹操之位。曹丕继承魏王之职，天下很快安定下来。而汉献帝也下达诏书，承认了曹丕的合法身份。

曹操生性多疑，看人准确，并且懂得知人善任，不会埋没人才。军事上谋略周全，应战沉着。赏罚上，曹操对有功之臣，不吝千金，而对违背法规之人则依法惩处。正因为曹操拥有种种优秀才干，他才能够消灭同样有野心的诸侯。

至于曹丕，据史书记载，少有逸才，阅读广泛，年仅八岁便能为文。在文学上,他是三国时期著名的文学家及诗人。在历练上,他在建安十六年(公元217年)时便担任副丞相,协助曹操处理政务,也算经验丰富。在政治谋略方面,曹丕依托司马懿等优秀谋臣的帮助,战胜曹植取得继承权,显现出政治家的成熟风度。于武艺一途,曹丕鞍马娴熟,习于骑射,曾用甘蔗代剑战胜将军邓展,可见一斑。

总体而言,曹丕能文能武,拥有政治家的杰出素养,他代替曹操执政,可谓子承父业。初登魏王之位的曹丕,暂时摒弃失父的哀伤,逐步放手施展胸中抱负。如何扫清异己,稳固王位,便是曹丕眼前的第一件大事。

哥哥不爱我

曹丕继承曹操魏王之位,经过一系列巩固权力的手段,人心尽服。汉朝的国运终于走到尽头,迫于时势的汉献帝不得不向意气风发的曹丕禅让帝位。登上帝位的曹丕更无顾忌,他开始在曾经的竞争对手曹植面前,露出狰狞的面容。

即魏王位后,曹丕首先要处理的便是巩固政权。在曹操身边历练多年的曹丕颇有其父的魄力,他采取了有力的措施来树立自己的绝对权威。

在很短的时间,曹丕接连展开更改年号、提拔亲信、封赏有功者三项大事。曹丕改建安二十五年(公元220年)为延康元年,任命太中大夫贾诩为太尉,御史大夫华歆为相国,王朗为御史大夫。此后,曹丕又设置散骑常侍、侍郎各四人,提升前将军夏侯惇为大将军,有功之臣皆得到封赏。

分析曹丕采取的三项措施:新王继位,为显新气象,更改年号，自无可厚非；而提拔亲信的做法，却使得曹丕将文武大权尽皆操于手中；至于广为封赏有功之臣，则是收买人心。曹丕的这三项举措，对于巩固其地位，稳定人心具有巨大的作用。

曹丕的地位初步稳固，然而曹丕却仍然感到莫大的威胁。使他心神不宁的便是曹操的众多儿子，其中尤让曹丕担心的便是曹植。

曹操在世时，给予诸侯的地位相当高，分封诸子建立邦国，以屏卫王室。曹丕任魏王后，害怕诸侯权力过大会干预他执政，便动起削减诸侯权责的心思。在所有兄弟里面，曹丕对曹植最为顾忌，昔年争夺嫡子之位的激烈情形，曹丕记忆犹新。如今，曹丕虽然顺利继承魏王之位，但群臣中还有暗中支持曹植的人在。曹植的文名过于卓著，让他在邺城长久地待下去，难免不生变故，曹丕实在不敢掉以轻心。

酝酿良久的曹丕很快发布了一道严厉的命令，各诸侯俱回封国。在打发走居留邺城为曹操奔丧的曹植等人后，曹丕还是心中不安，他害怕曹植在封国仍做出些不规矩的举动，影响他的基业。于是，曹丕决定，用血的洗礼来警告曹植不要轻举妄动。

曹植在与曹丕争夺魏太子之位时，手下的主要谋士有三人：杨修、丁仪、丁廙。杨修已死，只剩下丁仪、丁廙两兄弟还活着。在曹丕眼中，丁仪兄弟俩实可谓罪大恶极。曹操在世时，丁仪逮着机会就跟曹操说曹植的好话，丁廙也明确表示出对曹植的支持。曹操当年久久不立太子，丁仪两兄弟可谓"功劳显赫"。曹丕被立为太子后，碍于曹操尚在，尽管恨得牙痒痒，却也不敢公然对丁仪两兄弟动手。此时，曹操已死，曹丕身为魏王，拥有绝对的权威，再也没有人可以阻拦曹丕的报复行动了。

关于丁仪、丁廙两兄弟的死，史书上所记不详，大致有三个不同的版本。《三国志》中只是简单地提及，文帝即魏王后，"诛丁仪、丁廙并其男口"。《资治通鉴》关于此事的记述比《三国志》详细不了多少，"诛右刺奸掾沛国丁仪及弟黄门侍郎并其男口，皆植之党也"。照《资治通鉴》上的说法，丁仪两兄弟是因为是曹植党羽的缘故而被杀。而在《魏略》中则明确提到"及太子立，欲治仪罪，转仪为右刺奸掾，欲仪自裁而仪不能。乃对中领军夏侯尚叩头求哀，尚为涕泣而不能救"。

照《魏略》中的说法，曹丕因为丁仪曾拥护曹植而想定他的罪。于是，曹丕任命丁仪担任右刺奸掾的官职。右刺奸掾分管"刺奸"工作，据史家考证"刺奸"相当于现在的纪委副书记。只是曹魏时期，纪检工作与现在不同，很容易被揪出毛病，曹丕让丁仪担任这样的职位，就是不安好心，想要丁仪知罪畏难自裁。丁仪并没有遂曹丕的心意，他向曹丕曾经的好友夏侯尚哀求，希望夏侯尚在曹丕面前美言，饶恕他的罪过，夏侯尚在曹丕面前哭泣着请求，却没能改变曹丕的心意。最后，丁仪的结局是"后遂因职事收付狱，杀之"。夏侯尚的告求不起作用，曹丕随便给丁仪找个工作失职的罪名把他杀了。

不管是哪种说法，丁仪、丁廙两兄弟因为曾依附曹植的缘故获罪被杀却是事实。丁仪、丁廙兄弟俩乃曹魏时名士，他们的死很是冤屈。为此，后世多为之鸣冤。清朝的潘眉在其《三国志考证》中就指出，丁仪、丁廙，官位不过区区右刺奸掾及黄门侍郎，职位卑微，"外无摧锋接刃之功，内无升堂庙胜之效"，却因为是曹植好友的缘故，身死族灭，实在令人哀叹。

曹丕杀害丁氏兄弟给重友情的曹植以极大的打击。曹植在封国眼看朋友遭难却无力相救，心中万分凄苦，随之而来的便是强烈的负罪感。曹植心知，兄长曹丕的这种做法是杀鸡儆猴。然而，曹丕如今身为魏王，掌生杀予夺大权，他又能有什么办法呢？

曹植只能将满腹的哀怨寄于诗文之中，发泄心中的郁积情绪。"高树多悲风，海水扬其波。利剑不在掌，结交何须多？"曹植在《野田黄雀行》一诗中，描写了少年救黄雀的故事，借此表达了自己不能帮助朋友的遗憾和悲痛。

曹丕的魏王地位越来越稳固，西域诸国、北方匈奴都前往邺城朝贡奉献。此时的曹丕，志得意满，意气风发，他越来越看不惯身边傀儡般的汉献帝。

曹操在世时，孙权曾上表劝他称帝，曹操为此询问百官意见，众官也表示支持，曹操却还是不敢抛弃名节，迈出称帝这一步，他表示，"若天命在吾，吾为周文王矣"。曹操的这句话很值得琢磨，周文王就是姬昌，生前没有代商自立，他的儿子周武王后来登基天子之位，给父亲加封了周文王的名号。曹操委婉地表示，即使他有称帝的条件，他还是不会称帝的，这件事将留给儿子完成。如今，曹丕决定实现曹操的遗愿，代汉自立。曹丕没有用武力逼迫汉献帝退位，而是采取十分文明的方式，让汉献帝禅让帝位于他。

中国自古就有权力禅让的传统，即皇帝或天子将位置让与贤能之人。尧就曾召集诸部首领让位于舜。谋略过人的曹丕，经过反复思量，想出禅让这招，借以摆脱篡汉的嫌疑，表示他是承继正统，帝位来得公正合法。

在曹丕逐步推动汉献帝让位前，天下突然出现不少祥瑞事件。延康元年（公元220年）夏三月，黄龙现身谯县；四月，饶安县报告有白雉出现；八月，石邑县报告有凤凰聚集。这些珍禽异兽都是吉祥的征兆，于是，朝野之上纷纷传扬，国家将有大喜事。

延康元年（公元220年）冬十月，经过一番紧锣密鼓的铺垫后，好戏正式上演。据史书记载，汉献帝看到人心都向着魏国，知道气数已尽，于是到高祖庙告诉祖宗自己打算将位子让给曹丕。接着，献帝派御史大夫张音手持符节将皇帝的印绶给曹丕。献帝禅让帝位，曹丕装模作样的几番谦让后，终于毫不客气地答应下来。延康元年（公元220年）十月二十八日，曹丕在受禅台上完成登基大典。同年，曹丕改延康年号为黄初，大赦天下。

曹丕代汉称帝，完成曹操一生不敢做的大事，曹氏一门，顿时无比荣耀。曹丕如今是真正的天下之主，"一人得道，鸡犬升天"，曹丕也该提高自己兄弟的爵位了吧。曹丕虽然称帝，牢牢地掌控着朝政大权，然而，他仍然没有放弃对曹植的防范。事实上，曹丕始终对才华横溢的曹植心存忌惮，更因曹植曾与他抢夺太子之位而耿耿于怀。当时，曹操的另一个儿子，曹彰，战功赫赫，声名鼎盛，可他却也是曹植的支持者。曹丕对此十分猜忌。

因此，曹丕成为天子后，不仅没有想到如何封赏诸侯，提升兄弟的地位，反而考虑如何才能严密地监视曹植等人的一举一动。要想知悉一个人的言行举止是否得当，没有比在他身边安插眼线的方法更合适的了，曹丕有了主意。

一道手谕从邺城传出，曹丕有令，为防诸侯王自恃权贵，横行乡里，做出不法举动，特派监国使者协助诸侯王处理封国事务。曹丕的这道手谕对于曹植来说无疑是个灾难。从此，他的一举一动，都逃不过皇帝的视野，曹丕在邺城得意地笑了。

监国使者抵达曹植的封地前，曹植为了实现心中的政治抱负，减轻曹丕对他的敌意，连上《魏德论》和《庆文帝受禅表》来替曹丕呐喊助威。可是，曹植没有想到，曹丕没有因为他的示好就饶恕了他，曹丕还是像防备贼寇一样防着他。敏感的曹植愤怒了，他的文人习性，他的狂性陡然间爆发出来。每日，曹植在封地痛苦地酗酒，希冀能够减轻心中的苦闷。

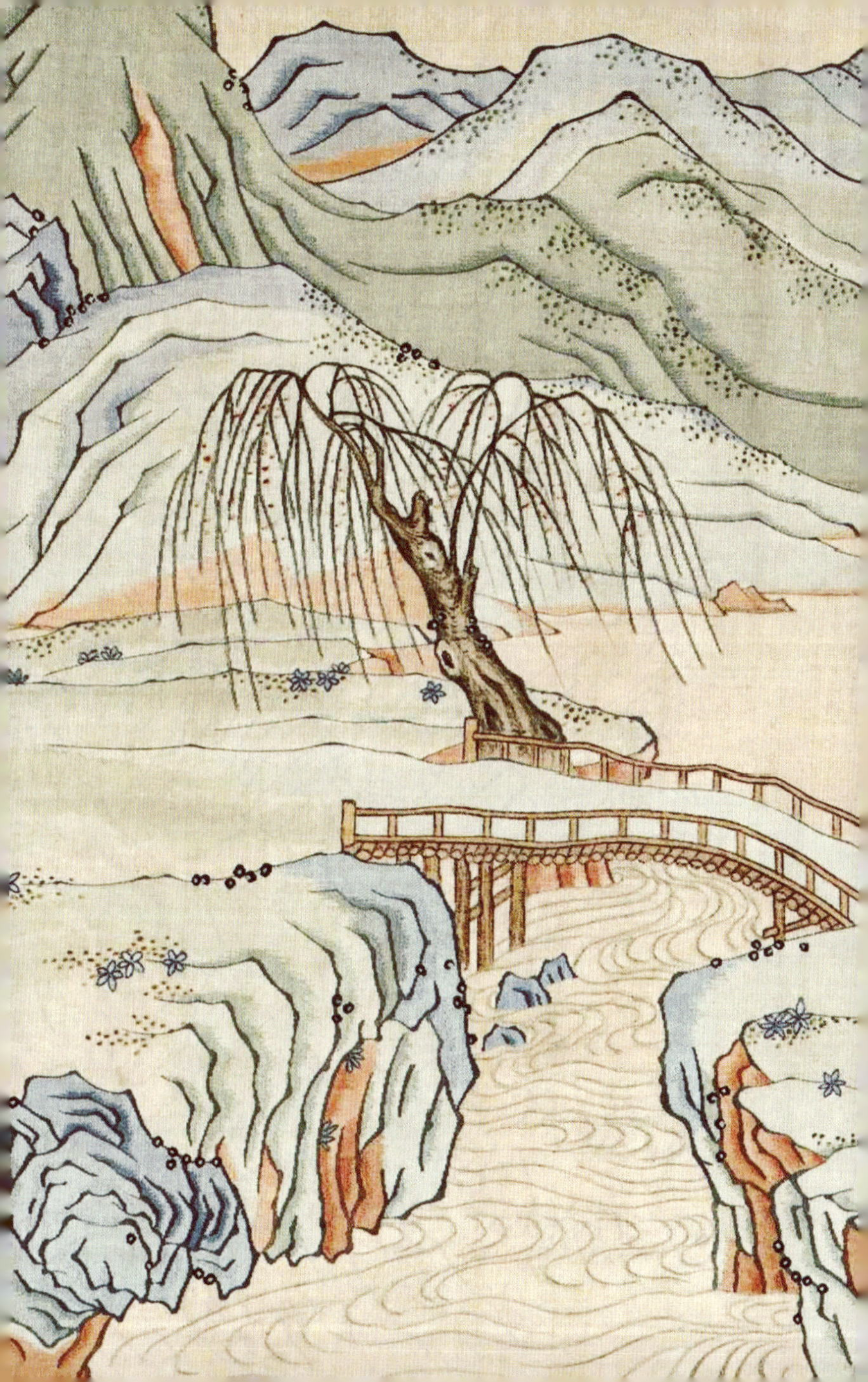

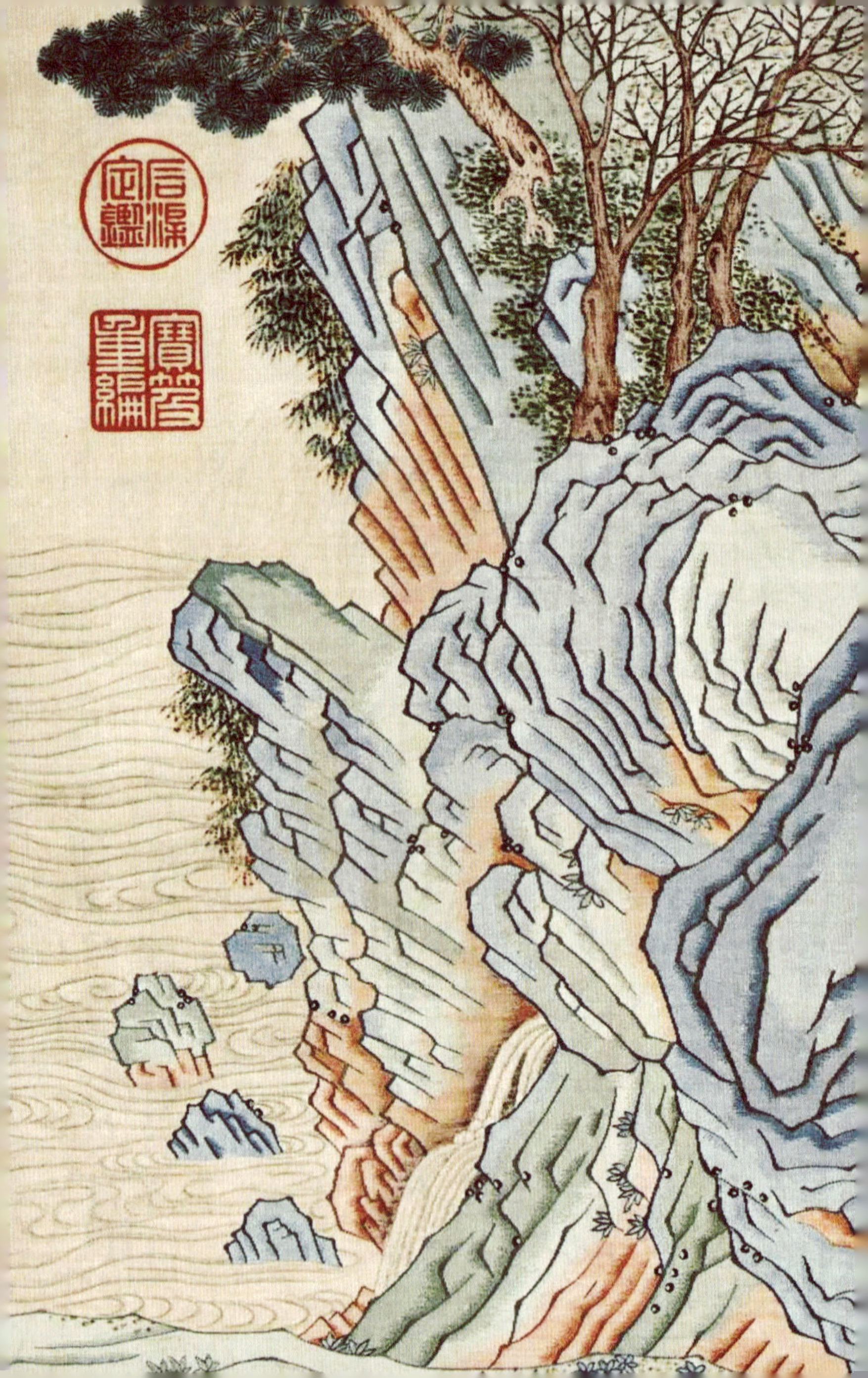
石渠定鑑
寶笈重編

日夜饮酒的曹植还是让曹丕抓到了把柄，魏黄初二年（公元221年），监国使者灌均迎合曹丕的心思，举奏"曹植醉酒叛逆傲慢，劫持要挟使者"，有关官吏纷纷上书请求治曹植的罪。就在曹植面临生命危险的时刻，已成为太后的卞氏向曹丕力保儿子的性命。曹丕终究还是念及兄弟的情义，没有治曹植的罪，只是将他的爵位贬为安乡侯。

生死中走过一遭的曹植终于觉醒，在曹丕的视野下，他不能率性而为。为了讨好曹丕，曹植上书检讨自己的行为，并作《写灌均上事令》一文表明自己将会严格自律。曹植的示弱与谦卑减轻了曹丕的敌意。魏黄初三年（公元222年）曹丕封曹植为鄄城侯，食邑二千五百户。

曹丕虽然渐渐宽恕了曹植，但他仍未放松对曹植的控制。曹丕的态度是，我可以给你爵位，可以增加你的封邑，可是绝不会让你担当任何重要官职，也不会让你参谋军政大事。魏黄初四年（公元223年），曹丕又改封曹植为雍丘侯，当年，曹植获准入京师朝见。曹植在朝见文帝曹丕时，又上了一封文采斐然的表白书，书中，曹植反思自己的罪过，赞美曹丕的恩德。在曹植心中，一直怀有远大的政治抱负。曹植希望能够凭借他的文字打动曹丕，获得重用。

该年，曹植又一次失望了，曹丕没有表示出半点启用他的意思。魏黄初六年（公元225年），曹丕东征吴国，在回程的路上经过雍丘县，他亲临曹植的王宫，又增封曹植食邑五百户。曹丕再次给曹植增添食邑，或许是对曹植不被任用的补偿吧。

这次,是曹植最后一次见到曹丕,该年曹丕在邺城病死。

曹植在曹丕即天子位的六年里,四次被改换封地,饱受颠簸之苦,虽忍气吞声示好,却终不被曹丕信用,算得上是境遇凄惨,无怪能博得后人无限同情。

只有皇叔是正牌

刘备一直自称中山靖王刘胜之后,以汉宗室成员自居,历年来,刘备南征北战打的旗号都是振兴汉室。曹丕代汉自立的消息传到蜀地,坊间纷传汉献帝被害。此时,年过六旬的刘备又该如何面对呢?他的臣子们替刘备选择了一条道路,称帝,延续汉朝正统。

汉献帝禅让帝位,曹丕称帝后,并没有毒害他。相反曹丕用河内郡山阳县一万民户奉养汉献帝,尊其为山阳公,允许他依旧使用汉朝立法,用天子礼仪进行郊祀,汉献帝的四个儿子也被封诸侯。

然而,曹丕代汉的消息辗转传到成都却完全改变了性质。民间到处传言汉献帝已经被杀害,这条消息对于一向拥护汉献帝的刘备而言恰如五雷轰顶。刘备能够到达汉中王的地位与他是汉献帝皇叔不无关系。因此,悲痛的刘备发布讣告,制作丧服，要求成都满城缟素，并追加汉献帝谥号为孝愍皇帝。

面对曹丕的倒行逆施行为，刘备一时间不知道如何应对。是立即起兵，批判曹丕篡汉的不臣行为，还是秉持观望的态度，暂行研商，再图大计？虽然刘备还不知道该做些什么，但有一点他是明确的，那就是决不向曹丕称臣。

刘备已经年过六旬，垂垂老矣。听闻坊间汉献帝被杀的传言，刘备心中的确怀着悲痛，然而，刘备心中却还夹杂着一丝欣喜。悲痛夹杂欣喜，这是十分复杂的一种情绪，可在刘备身上却并不矛盾。自起事起刘备便一直宣传自己是中山靖王的后代，他凭借汉宗室的合法身份，收拢了一班文臣武将，逐渐建立起自己的根据地。在群雄割据、逐鹿中原的混乱年代里，谁不想称天子？然而汉朝尚在，献帝尤存，大家都不敢公然违背道义，遭致天下围攻。袁术称帝不得善终就是明证。即使曹操这般英雄的人物，虽将汉献帝作为傀儡玩弄二十余年，却仍不敢代汉自立。

然而如今，曹丕以不正当的手段逼迫汉献帝禅让并毒害汉献帝的流言遍起，这对于刘备来说恰是个好机会。刘备的地位日趋稳固，又晋爵汉中王，他未曾不想过称帝。可是，刘备如同曹操一样，不敢。

但是，传闻汉献帝已经被毒害，情况就大不相同了。刘备打的旗号是拥护汉室，并不是拥护某一个皇帝，汉献帝之所以得到刘备的支持，只是因为他是汉室的代表罢了。现在既然汉献帝被曹丕杀害，刘备正可以借机引申拥护汉室的含义，再举出一名新代表,继承汉朝正统。

刘备隐约觉得,他自己征战多年,天下闻名,又是中山靖王之后,似乎也可以成为汉室的新代表,荣登帝位。只是,这话,刘备不好说出口。聪明的臣子总是善于分析形势,揣测主公的心思。于是,刘备虽然没说出他要称帝,底下的百官却忙活开了。刘备手下的臣子们清楚,刘备如果在曹丕代汉的时刻称帝,最合适不过,而他们也将随着刘备身份的变化,加官晋爵。如此划算之事,何乐而不为呢?于是,在诸葛亮等人的操持下,安排刘备称帝的部署逐渐展开。

益州各地陡然间到处都有祥瑞,每天都不断有人向朝廷报告某处又出现祥瑞之象。这样的报告连续不断,以至于刘备看着都觉得有点腻烦。

武阳赤水出现黄龙,持续九天才消失,而龙是君主的象征;襄阳汉水下游又出现玉玺神光,这代表着汉中王要继承汉朝的龙脉;火星开始追随岁星,这样神奇的现象符合《星经》的记载,各种邪恶都会消失……各种各样的祥瑞报告不断呈送到成都,这些报告虽然内容不一,结果却都是一样,上天显示,刘备应该进位称帝。继祥瑞现象不断涌现,社会各界纷纷分析,这是因为汉中王刘备圣明贤德,上天才出现吉祥之兆后,百官开始正式上表,要求刘备称帝。

为了表示刘备称帝是人心所向,众望所归。上表的大臣不是全部署名,而是分批上表。议郎阳泉侯刘豹、青衣侯向举、偏将军黄权、治中从事杨洪等人首先上书。这些人经过一番论证，推导出结论，云气的出现预示着会有圣明的君主兴起于一周，从而实现汉室中兴。然后，这些大臣又对为何不早上表说明祥瑞征兆作出一番解释，"时许帝尚存，故群下不敢漏言"。经过前面的铺垫后，劝进表进入正题，既然汉献帝已经被害，汉中王您就应该应天道顺民心，迅速登帝位，以安定天下。

不久后，太傅许靖，军师将军诸葛亮，太常赖恭等人再次上书，劝说刘备称帝。书中，许靖等人表示曹丕篡位杀君，挟持迫害忠良，残暴无道，人神共愤。在对曹丕进行一番抹黑后，许靖等人指出曹丕的种种行为，不得人心，因此，天下百姓全都思念刘氏。

天下思念刘氏，奈何天子被害。在这样的情况下，就好比航船失去指向标，因此国内人心惶惶，找不到效法和瞻仰的对象。然而，上天有幸，垂念生民，所以降下无数祥瑞、符命。群下先后有八百多人上书，全都述说了各种符命和祥瑞所明示的征兆。这些征兆清晰地指出，汉中王应当继承汉朝的流脉，这是上天要赐予您天子之位。祥瑞的征兆和效应不是人力所能做出的。汉中王您应该按照神灵的意旨，顺应人心，继承高祖、世祖的事业，择良辰吉日，接受我们向您奉上尊崇的皇帝称号。

刘备看到群臣的上表，心里美滋滋的。表中的他既具有高大英伟的仪表，又具有非凡的军事才干，"仁覆积德，爱人好士"，天下之士皆已归附。这么完美的一个人，刘备自己都有点不认识，但是，只要能登上帝位，无论说辞怎样，刘备都是能够认同的。此时的刘备，年过花甲，按照当时的平均寿命来算，已属长寿之人，再不过把皇帝瘾，只怕再没有机会了。

就在刘备君臣齐心，准备登基大典的时候，前部司马费诗却跳出来表示反对意见。费诗遵照礼节，给刘备上书，将刘备拥护汉室的口号和他要称帝的行为对比，暗讽刘备此举表里不一，将会招致天下人的怀疑。按说费诗的这话已经有点过火了，然而，他却还有更狠的在后面。

就在一片赞美声萦绕着刘备之际，突然冒出费诗这么刺耳的批驳声，刘备实在难以接受。费诗表现得简直比刘备还忠于汉室，这让仁义卓于天下的刘备感到无法面对。此时的刘备称帝之心已定，他容不得费诗的反对意见，便将费诗贬为州部永昌从事。《资治通鉴》记载道："王不悦，左迁诗为部永昌从事。"用了"不悦"这个词，可见刘备对于费诗上书劝谏的事是十分不高兴的。

刘备以汉室忠臣自居，故曹丕代汉后，刘备仍沿用建安年号。建安二十六年（公元221年）四月，刘备在成都武担山南举行称帝仪式。称帝仪式结束后，刘备定国号为蜀，改建安二十六年为章武元年，以诸葛亮为丞相，许靖为司徒，设置百官，建立宗庙，祭祀自汉高祖以下的历代祖先。

从曹丕代汉自立到刘备得到消息，几个月的时间，刘备却没有验证汉献帝是否真的被曹丕毒害，却忙碌着制造祥瑞，继承所谓汉朝正统。从这点便可以看出，刘备是何居心。

刘备以汉朝正统自居，延续汉室事业，却未能得到天下的认同。就连司马光都发表评论，认为刘备自称的中山靖王之后的身份,历时过久,难以认证,对他继承汉朝正统不敢苟同。然而,三国乱世,有能者居上,比起怯懦无能的汉献帝,也许刘备更称得上是英雄。因此,刘备建立蜀国的行为,见仁见智,却也难以得到统一的观点。

兄弟都死了，我也不想活了

孙权攻取荆州，杀害关羽父子，刘备的愤怒难以言表，无论是念及兄弟之情，还是考虑政治利益，刘备都要伐吴。只是，称帝大典暂时拖住了刘备冲动的步伐。建立蜀国后的刘备，彻底解除羁绊，此刻的他，恰如一头怒火冲天的公牛，做出了人生中最为错误的决定，倾全国之兵讨伐孙权。

当关羽败走麦城，被孙权杀害的消息传到成都的时候，刘备难以抑住眼眶中的泪水。几十年的风雨征程，历经生死，关羽却在初尝荣耀后不久就此死去，刘备实在难以接受。

对于关羽，刘备有着很深的感情，史书记载，刘备与关羽、张飞三人"食则同桌，寝则同床"。刘备自起事以来，依仗关羽的骁勇，兄弟同心，终于取得成功。关羽的忠义英勇，在刘备脑海里有着不可磨灭的印记。当年，关羽放弃曹操授予的高官厚禄，重投刘备帐下，刘备便在心中重重地许下承诺，我若能成大事，必让你十倍荣耀于前。

刘备改变颠沛流离、寄人篱下的命运后，的确是如此做的，他一取得荆州，便委关羽以重任，令其统帅荆州，镇守一方，其信赖程度，可见一斑。在封赏群臣时，关羽的赏赐总是武将里面最多的。刘备进位汉中王时，尚且拜关羽为前将军，位居武将第一。而如今，刘备极其信赖、欣赏的关羽，却被孙权帐下不知名的小将斩掉首级。孙权要是光明正大地杀掉关羽也就罢了，而他却是在关羽与曹操军团奋战，不加防备时，偷偷地从背后捅了最厉害的一刀，袭取了荆州，断掉关羽的后路。这口气，刘备实在无法咽下。刘备决定为关羽报仇，讨伐孙权。

此前，刘备被称帝的事情拖住，无法腾出身准备讨伐事宜。因此，大臣们都以为刘备将要讨伐孙权的话仅仅是气话。然而，当刘备完成登基大典正式在朝堂之上提出要攻打东吴时，群臣都震惊了。

当时，刘备虽然建立蜀国，自称皇帝，以期与曹魏对抗。但曹丕的势力还是最强的，曹丕独得天下九州，他的实力远非刘备、孙权可比。曹丕唯一比不上刘备的，只有政治经验和能力。

曹操在世之际，孙权和刘备都畏惧曹操的势力过于庞大，因此结盟共同抵挡曹操。曹操虽然是一代雄才，却也无法击破孙权和刘备的联手御敌。现在，曹操虽死，曹丕却继承了其父统一天下的野心，蠢蠢欲动。刘备不顾曹丕虎视眈眈在侧的危险，跑去攻击孙权，大臣们不敢同意他的意见。

诸葛亮首先站出来委婉地向刘备表示反对。诸葛亮认为，孙权虽然取得荆州，但碍于曹魏势力雄厚，不会再有危及蜀国的举动。如果刘备现在出兵讨伐孙权，则会陷进战斗无法自拔，彻底断裂孙刘联盟，曹丕要是在这时候乘机攻击蜀国，国家的危险可就大了。然而刘备下定决心，坚定地拒绝了诸葛亮的提议。

连头号谋臣诸葛亮的建议，刘备都拒绝，一时间剩余群臣都不敢再发言，准备待得朝会散去，集聚一处，再行商量策略。

朝会散后，一干忠于刘备的旧臣聚集在一处，共同讨论，攻打孙权是否得当。讨论后的结果是，决不能打，若是讨伐孙权则可能动摇国本。可是，诸葛亮的劝说都被刘备一口回绝，还能有谁的话，刘备能够听得进去呢？

大臣们想到了赵云，赵云曾因其忠勇而屡次受到刘备的赞扬。或许赵云的建议，刘备可以接受。《资治通鉴》记载，翊军将军赵云上奏道："国贼，曹操，非孙权也。若先灭魏，则权自服。"

赵云劝说刘备，曹操才是叛国之人，如果灭掉魏，拿下孙权也不在话下。现在曹操的儿子掌权，唯有先拿下关中。以便于征伐曹丕。只要我们这样做了，拥护汉室的义士们一定会带着军粮，骑着战马来迎接陛下您。所以，陛下不应该不顾曹魏，而和孙权开战，两国要是一交战，就不会快速结束战斗，这不是上策。

赵云的建议再次被刘备否决，其后，又有很多大臣上书劝谏刘备出兵，也落得同样结果。

刘备将要攻打孙权的消息很快在益州各处传得沸沸扬扬，街头巷尾，有识之士议论纷纷。在广汉郡有一个有才能的隐士秦宓，心忧国家，特意上书给刘备，建议刘备不要出兵讨伐孙权。只是秦宓的上书有点不太客气，他直言天时对蜀军必定不利，陛下你还是不要出兵，免得劳民伤财的好。

百官们的齐声反对，早已勾起刘备心头一片怒火，只是碍于多年君臣情分，不好惩处。如今，刘备眼见小小白丁也敢教训于他，便生出恨意，以蛊惑军心的罪名将秦宓入狱扣押。

其实，刘备不顾百官拦阻，坚决要攻打孙权的原因，远非为关羽复仇那么简单。为关羽复仇固然是刘备起兵的一个方面，但还有两个重要原因催化刘备必攻孙权。

益州虽然是天府之国，但地域闭塞，来往不便，经济不发达。诸葛亮在《隆中对》中曾为刘备分析天下大势，指出刘备若是兼跨荆州、益州，派兵固守险要之处，趁着有利的时机出秦川，夺取天下，则霸业可成，汉室可兴。可是，荆州却被孙权派兵夺取，刘备要是从益州出兵夺取天下，则道路艰阻，难以成功。不夺回荆州，刘备就只能偏安一隅，割据益州一方，再难争雄天下。

其次，刘备年过六旬，其子刘禅依然幼小，尚未成年，刘备实在放心不下。眼看自己日趋老迈，行将就木，旁边却仍有孙权、曹操可能对蜀国构成威胁。刘备害怕自己百年以后，孙权等人欺凌刘禅弱小，因此，想趁自己还活着，扫除威胁，为刘禅留下稳固的基业。

就在刘备发布军令，调集军队，筹备粮草，即将攻打东吴的时候。又传来一条令刘备心痛的消息，张飞被杀。

张飞英勇善战，雄壮威武不输关羽，但是在性格方面，张飞与关羽稍有不同。关羽关心士兵，对士大夫不屑一顾；张飞很尊敬士大夫，但不关心士兵。刘备要征讨孙权，他命令张飞率兵一万人从阆中出发，与刘备大军在江州会合。张飞在发兵前，因琐事责打帐下将领张达、范强，并怒称还要重罚。张达和范强畏于责罚，私下商议，决定杀死张飞，投降孙权。于是，这两人乘张飞睡觉时，割下张飞的头颅，顺长江而下向孙权邀功请赏。

张飞的死，仿佛在刘备心头再次狠狠插上一刀。张飞虽然是因为暴虐寡恩而被部下杀害，但愤怒到极点的刘备已经不考虑这些了，他将害死张飞的这笔账算到了孙权头上。

蜀汉章武元年（公元221年）七月，刘备几乎尽出益州之师，亲自统帅大军进攻孙权。沿途军队络绎不绝，江东震动。

孙权并不想和刘备作战，他看得出来刘备这次是玩命。在孙权眼中，利益才是最为重要的。他取荆州，就是畏惧关羽声威，害怕刘备势力过于强大。如今，孙权已经夺得荆州，暂时不用考虑刘备的威胁，便将目光再次转移到曹魏身上。孙权认为，与刘备比起来，曹丕才是最可怕的敌人。

与刘备大军作战，即使战胜刘备，也将消耗江东巨大的人力、物力，要是这时候曹魏突然插进一脚，夹攻江东，那么形势就十分危险了。如今天下三分,实力最为雄厚的是曹魏,眼前之道还是联盟刘备,对付曹丕方是正理。经过反复思量的孙权决定,尽量避免与刘备的这场不必要的战争,求和!

在东吴,诸葛亮的亲兄长诸葛瑾担任重职,又和刘备很是熟悉。派遣求和的使者,诸葛瑾最合适不过。于是,南郡太守诸葛瑾给刘备写信道:"陛下以关羽之亲,何如先帝?荆州大小,孰与海内?俱应仇疾,谁当先后?若审此数,易于反掌矣。"

这封信的意思是,应该想清楚是要荆州,还是要整个国家的利益,孙权和曹魏谁更需要引起重视,关羽和先帝,谁更亲密。只有搞清楚这些事,才能想清楚下一步怎么办。

诸葛瑾把刘备当聪明人,和刘备玩起了一套选择权的把戏。信中隐含的深意是,刘备你不要因为顾及和关羽的感情,而忽视了振兴汉室的大义,你应该继承先帝的旗帜,不要为了荆州蝇头小利而与孙权起争端,忽视天下大业。况且,即使你把孙权看成是十恶不赦的敌人,那么你最先的仇人曹魏又该摆在什么位置呢。

诸葛瑾帮着刘备分析了一番,接着把选择权交到刘备手中。诸葛瑾以为,刘备看了他的信,就会明智地选择停止作战,转而谈判。奈何,两个爱将被杀,荆州被夺,气愤到极点的刘备根本不吃他这一套,置之不理。孙权几次求和遭拒,只好做好与刘备大战的准备。既然战争已经不可避免,孙权便开始规划如何降低伤亡,增加胜利的几率。

由于害怕曹丕在刘备攻击荆州的时候从合肥出兵南下直取

濡须口，从而陷入两线作战的困境，孙权经过慎重考虑，不顾自己的身份，向晚辈曹丕请降。

魏黄初二年（公元221年）八月，孙权派使者向魏称臣，还奉还了曾经俘虏的兵士。朝廷诸臣都非常高兴。刘晔却劝谏曹丕不要接受孙权的请降，他指出，孙权之所以向魏投降，是由于刘备率领大军讨伐他的缘故，孙权害怕我们乘机进攻，所以才献上土地请求归附。我们在这个时候应该大举出兵，和蜀国内外夹击，灭了东吴。但是，曹丕认为，孙权远道投降称臣，如果去讨伐他的话，会使得天下愿意归附魏国的人产生疑心，便拒绝了刘晔的建议。此后，曹丕加封孙权为吴王。

孙权请降得到曹丕的承认，解除了遭受两面夹击的担忧，开始放心地准备防御事宜。此时，刘备派出将军吴班、冯习攻取巫县、秭归，孙权便命令陆逊、李异加强防务，等待迎敌。

刘备带领大军，进军神速，而孙权占领的巫县、秭归一带，亦处于高度戒备状态。战火的硝烟即将弥漫，三国时期著名的"夷陵之战"就要拉开序幕。

第四章

夷陵之战：一场游戏一场梦

为关羽报仇

关羽、张飞双双遇难,昔日的追梦兄弟就这样弃刘备而去,无怪乎刘备会横下决心,无视诸葛亮与众多心腹大臣的劝阻,坚决在中国的大地上上演一出轰烈的"特洛伊战争"。蜀军无一不是饱含热炎,恨不得一举攻破吴国,打一场轰轰烈烈名垂青史之战。如此规模,便是那战旗一挥,亦足以逆流河水,由此,气势恢宏的夷陵之战打响了。

夷陵之战又称彝陵之战、猇亭之战,是三国时期继官渡之战、赤壁之战之后的又一大战役。战争一开始,主动权掌控在锐气正盛的蜀军手中。当时吴蜀两国的国界已往西移到巫山附近,长江三峡成了两国之间的主要通道,因此刘备迅速派遣部下将领吴班、冯习为先头部队,闪电夺下峡口,攻入吴境。

吴班、冯习率领军队在巫地(今湖北巴东)击败了吴将李异、刘阿,攻占了秭归。蜀国首战便告捷,气焰更盛,然而刘备却也不至于冲昏脑袋,他在向前挺近的时候,也明白后方还有个曹魏。因此刘备令镇北将军黄权驻守长江北岸,又派侍中马良到武陵争取当地部族首领沙摩柯,希望他能在曹军攻打之时予以协助。

夷陵之战的首战以蜀军胜利告终,其实这似乎在意料之中。对于刘备出兵人数,《三国志》并无详细记载,只在裴松之注解《三国志》里留下了两条材料。其一,《文帝记》注引《魏书》曰:"癸亥,孙权上书,说:'刘备支党四万人,马二三千匹,出秭归,请往扫扑,以克捷为效'";其二,《刘晔传》注引《傅子》曰:"权将陆议(陆逊)打败刘备,杀其兵八万余人,备仅以身免。"这两条材料虽都是谈及蜀军兵力,然而其提出的数量却整整相差了一倍之多。后来,司马光在记述夷陵之战时,采用了四万之说,其实分析下去,四万之说还是比较可信的。

当时,刘备在占有益州和荆州一部分时,兵力相对是比较多的。但经过吕蒙白衣渡江偷袭关羽后,"荆州覆败,大臣失节,百无一还"(《三国志·关羽传》)。这说明刘备在荆州的兵力已经是基本丧失殆尽了。这样看来,刘备在夷陵之战除了荆州的兵力,就只能依靠益州的兵力了。那么益州又能动员多少兵力呢?《裴注三国志》里提到了,在诸葛亮驻守祁山期间,"守在险要,十二更下,在者八万",待到刘禅投降时是"带甲将士十万二千",这些都是诸葛亮秉权以后的事了。由此可以看出,在蜀国取得南中地区,更兼屯田的实施后,蜀国兵力也就只能维持在十万左右,更何况刚得益州的刘备。况且,这十万之兵还得分出一部分重守益州门户汉中。

综上所述,刘备所能动用的最大兵力绝对无法达到八万,因此四万之说还是比较可信的。其实,若要说起首战的胜利,与其说蜀军靠的是兵力,倒不如说靠的是地利。

关于这点,我们可以先看一些关于西川与荆州的地势战略记载。在司马迁的《史记》里有记载:"蜀地之甲,乘船浮于汶,乘夏水而下江,五日而至郢。"《三国志》也说了:"今因平蜀之势以乘吴,吴人震恐,席卷之时也。留陇右兵二万人,蜀兵二万人,煮盐兴冶,为军农要用,并作舟船,豫备顺流之事,然后发使告以利害,吴必归化,可不征而定也。"再看《晋书》之言:"引梁益之兵,水陆俱下;荆楚之众,进临江陵;巴、汉奇兵出其空虚,一处倾坏,则上下震荡,虽有智者不能为吴谋矣。"

以上这些论述和记载无一不是在表明一个问题:西川对荆州的战略地理处于优势。蜀军沿江快速跃入江陵附近的山区,直逼江陵,也就能在占领荆州甚至整个吴越地区中处于优势。而后方粮草运输的问题,则只需以水运优势轻松解决。所以说,占据蜀的一方对占据东南的一方威胁相当大。无怪乎后来顾炎武会说:"昔之立国于南者,必先失蜀,而后危仆从之。"

诚然,地理因素是上天赋予蜀国漂亮地打响夷陵之战的资本,但是人的因素也不可忽视。其实,蜀军的气势才是打赢首战的关键,而在唤起士兵士气的努力中,刘备的身先士卒无疑是最有效的兴奋剂。国家刚立，国王便披坚执锐，与士兵共同分享一副吞并他国的美好图景，试问此时，哪有不动心的士兵？哪有不满腔热血急切与主与国共创辉煌的士兵？所以说，刘备虽已年迈，然而毕竟混迹多年，有足够的经验来将战前的准备工作做得细致完善，因此，才得以一举攻克秭归，为蜀军继续东征开出了一个切口。

当然，首战告捷不代表能节节顺利，蜀军吞下江东的决心自是强烈，然而孙权也并非是自愿躺在砧板上任人宰割的失败者。在刘备出兵之前，孙权便派出诸葛瑾奋力跑往蜀国做思想工作，然而刘备决心已定，诸葛亮的话尚且听不进，何况诸葛瑾。孙权在蜀国碰壁，自知恶战无可避免，只好转而讨好魏国来企图扼制蜀国的东征，也防止魏国在吴国对抗蜀国之时实行偷袭。与此同时，孙权也在荆州做好了万全的防御准备。然而夷陵首战终究让刘备抢了头彩。面对敌强我弱的局势，孙权想起了一个人。这个被吕蒙称赞为"意思深长，才堪负重，观其规虑，终可大任"的人，就是陆逊。

孙权面对蜀军压境，起用了吕蒙极为推荐的陆逊，任命其为大都督，再派出朱然、潘璋、韩当、徐盛、孙桓等部共五万人接受陆逊的统率共同开赴前线，抵御蜀军。另一方面，为防止武陵地区（湘西、黔东、鄂西南）少数民族助蜀，孙权派出了平戎将军步骘领兵万人镇守益阳（今湖南益阳地区）。

此时，陆逊挑起了重任，这是一场关系到孙吴存亡的大战。而面对阅历和地位均在自己之上的刘备，陆逊又该何去何从？所幸，大智如陆逊，没有给东吴失望，他将继周瑜、吕蒙之后，将一场夷陵之战打得有声有色，而东吴，也由此多了一位名将。

坚守是一种策略

刘备带领数万蜀军来势汹汹，孙权虽说有被吓到，却也不至于被吓坏，事至此，也只有搬出江东最后一张王牌了。这张王牌就是陆逊。

陆逊向来有儒者风范，办事张弛有度，从不以强硬行事。昔时忍人所不能忍，附和关羽，使强硬的武圣暴露出矜骄的恶病，得以让吕蒙寻了个空子钻，以一身白衣夺回了孙权日盼的荆州。如果说，吕蒙的白衣渡江是军事史上一场漂亮的艺术战，那么，陆逊在之前的骄将之计更是以艺术般的外交手段保证了白衣渡江的顺利。这就是陆逊，收时令人无视，放时令人畏惧。

陆逊看出了刘备士兵像一群狂嗜的狼，其求胜心切令其满含热火。在这种情况下，吴军处于被动，如若以硬碰硬，无疑鸡蛋碰石头，因此陆逊采取了战略退却，一直往后撤到夷道（今湖北宜都）、猇亭（今湖北宜都北古老背）一线。抵御蜀军的进攻，同时集中兵力，做好了背水一战的准备。这样，吴军把兵力难以展开的数百里长的山地留给了蜀军，以使蜀军战线拉长，露出破绽。

魏黄初三年（公元222年）正月，蜀将吴班、陈式率领的水军来到夷陵，在长江两岸驻扎。二月，刘备率主力从秭归进抵猇亭，直达夷陵一带，并于猇亭处建立大营。至此，蜀军已深入江东腹地。

面对刘备的咄咄攻势，陆逊没有急于用兵，他一退再退，无非是为了消磨敌人的斗志。

蜀军直逼猇亭后，陆逊明白这已是一再退让的界限了。夷陵是吴的战略要塞，若失去夷陵将会把整个荆州战线都陷入危险的境地，所以，陆逊不能再退了，于是两军开始对峙于夷陵。

在到达猇亭后，蜀军便遭到了吴军的积极扼阻抵御，由此，其东进的势头停顿了下来。蜀军从出征到现在时日已久，兼之遇到吴军的积极防御，难以继续东进，往日的盛气顿时泄了下来。一支旺盛的锐气之兵，经过几番波折，却也成了疲软之兵了，似乎此时是吴军出击的好时机。然而，陆逊仍然采取防守，不出击不应战。他命将士坚决抵御，决不出战。蜀军于是在巫峡、建平（今重庆巫山北）至夷陵一线建起了军营，驻扎下来。另一方面，张南带领部分兵力围攻驻守夷道的孙桓，采取此策略的目的在于积极调动陆逊出战。因为孙桓是孙权的侄儿，所以刘备料定陆逊断断不敢忽视孙桓的安危，从而出兵援救。

然而刘备小看陆逊了，就像当初关羽小看陆逊一样。重视敌人是对自己最好的防御，看轻敌人无疑在鞭笞自己，刘备想不到，在吴营内诸将纷纷要求出兵救援孙桓的情况下，陆逊仍坚决拒绝出兵。当然，陆逊如此做自有他的道理，因为他深知孙桓素得士众之心，兼之夷道城坚粮足，所以他相信孙桓凭己之力仍是可以抵挡的。而如果分兵援助夷道，那么本就少的兵力又要经受分散与削弱，这无疑对吴军是万分不利的。后来事实也证明了陆逊的决定是对的，因此事后孙桓就说了："前实怨不见救，定至今日，乃知调度自有方耳。"

就这样，夷陵之战的对峙从正月持续到六月，从雪花飘舞持续到艳阳高照。季节在转，气候在变，夷陵一带却仍然僵立着两队军队。刘备为客，身后没有吴军那样方便的补给，他一心想打闪电战，因此刘备在两军对峙之时，曾频繁派人到阵前辱骂挑战。但是孙桓尚且可以不管，何况这种近似孩子气的挑衅，又如何能让陆逊贸然出战呢。就这样，随着时日推移，蜀军将士斗志更加涣散松懈，昔时主动的优势地位已渐渐消逝。兼之六月的江南，炎日灼烧着大地，酷暑炙烤着万物，世间一切仿佛被包在一层厚厚的膜里，令人烦躁不安。

蜀军将士在吃了多次闭门羹后，更值气候如此，实在是不胜其苦，纷纷抱怨。刘备无可奈何，眼看攻下夷陵非一日之事，安抚士兵才是此时重任，因此刘备只好将水军舍舟转移到陆地上，将军营移到深山密林里，依傍着溪涧，于此阴凉之处屯兵休整，准备等待秋后天气转凉后再行进攻。

蜀军此时位于吴境二三百公里的崎岖山道上，远离后方，因此后勤保障实施起来多有困难。而刘备竟然还在如此不利的条件下，为自己增加了更加不利的因素。蜀军百里连营，分散了兵力，尚且依山傍林，这实在犯了军法禁忌，难怪刘备扎营的消息传到魏国时，曹丕会在后面得意得笑开怀来，暗笑刘备不会带兵，竟然结营七百里而拒敌，加之依山傍林，倘若陆逊像周瑜一样，再用火攻，几万士兵如何逃脱。

确实，也许是酷日当头，冲昏了刘备那本已不甚清楚的头脑，带兵数十年，为何会犯下如此大错，实在令后人读起，扼腕不止。诚然，这里面或有刘备年老昏沉的因素，然而，让刘备昏沉加重的导火索无疑来自陆逊的坚守。刘备自诩行军多年，一个无甚名气的小将又如何能与他正面对抗？因此陆逊的坚守在刘备看来不过是一个行将战败的将士最后的挣扎，所以刘备认为主动权始终在自己手中，哪怕自己毫无防备，东吴那边也不敢贸然出击。这样看来，陆逊以同一套戏码骗了关羽和刘备两人，实在令人唏嘘不已。

事已至此，不仅曹丕要笑，陆逊才是笑得最高兴的那一个。他不管诸葛亮在后方多么地焦躁，他只知道，他隐忍了半年之久，终于寻找到了进攻的时机。此时，战争的局势已然悄悄地改变了。

而在六月的江南，一场大火即将燃遍森林。

还是放火最好玩

刘备的士兵带着满腔热火而来,却频繁遭遇冷水浇头,实在令人大失所望。六月的太阳有如恶毒的唇舌,毫无情面地嘲弄着蜀军,逼得烦躁的刘备带着烦躁的数万士兵,只得躲进密布树木的森林里,躺在大树之下,想借树荫来消除内心的焦躁。

这边一片死气沉沉,被热气压抑得人心混乱。回观吴营,坚守了半年之久的陆逊,正在营中劝说着如炎日般喷火的将领。面对着刘备军多月来的辱骂,哪一位七尺男儿能将其置若罔闻?所以吴营里,将领们一再请战,却始终被陆逊驳斥回去。然而今天不一样了,眉毛锁了半年的陆逊,一听说刘备躲进林里去扎营,顿时眉开眼笑,犹似一朵鲜花灿烂地盛开在心里。他唤来将领们,兴奋地宣布时机到了。

魏黄初三年(公元 222 年)六月夏,孙权接到了陆逊的上书,写着:"夷陵要害,国之关限,虽为易得,亦复易失。失之非徒损一郡之地，荆州可忧。今日争之，当令必谐。备干天常，不守窟穴，而敢自送。臣虽不材，凭奉威灵，以顺讨逆，破坏在近。寻备前后行军，多败少成。推此论之，不足为戚。臣初嫌之，水陆俱进，今反舍船就步，处处结营，察其布置，必无他变。伏愿至尊高枕，不以为念也。"（《三国志·吴书·陆逊传》）

孙权集会讨论，有些大臣就有疑问了，他们问陆逊："攻备当在初，今乃令人五六百里，相衔持经七八月，其诸要害皆以固守，击之必无利矣。"他们认为刘备此时连营固守，只怕难以攻下。然而只有陆逊看中了刘备扎营的要害，他说："备是猾虏，更尝事多，其军始集，思虑精专，未可干也。今住已久，不得我便，兵疲意沮，计不复生，掎角此寇，正在今日。"（《三国志·吴书·陆逊传》）他认为刘备兵疲惫不堪，于此扎营，已经不能再生变化了，因此这是个可趁之机。孙权听陆逊话语有理，观陆逊心意坚定，当即批准了陆逊。

主动出击的军令传到了吴营，吴营上下顿时一片春意。此时，吴军正式从防御转向了进攻。

陆逊虽已决定进攻，却也不敢贸然而行，毕竟这场大战的意义在于国家存亡，因此他一步也不能踏错。谨慎如他，为了了解刘备军的虚实，先调遣了小部队军进行了一次试探性的进攻。陆逊派出部分兵力对刘备军营进行攻击，毕竟兵力之少，哪能抵抗刘备大军，结果陆逊的首次出战便被迅速集结的刘备军打得大败。东吴诸将士原本等待了许久的出战，却被迅速地击败了，自然有所不甘，纷纷指责陆逊无疑是在白耗兵力。然而这些将领们都错了，陆逊果真深藏不露，非但敌军不了解他，便是结交已久的部将都看不透他那宁静的表面下深藏着的暗涌。

若无深入虎穴，如何能得虎子，陆逊借着这一次的试探进攻找到了刘备发号施令的主营。非但如此，此次进攻更让陆逊从中寻找到了完美的破敌之法——火攻蜀军连营。当时江南正是炎夏季节，气候闷热，而蜀军的营寨非但扎营在全是树林、茅草的周围，更兼所有营寨全用木栅所筑成，一旦起火，火势借木而旺，如何得救？陆逊计策一来，急忙召集诸将告知。诸将无一不感到兴奋，好似火蛇已然吞噬了蜀国数万士兵，吴营上下再次充满斗志！

决战开始了，主动权从刘备手中转移到了陆逊，陆逊这时开始担起了夷陵之战的主角，他命令士卒突袭蜀军营寨，并顺风放火。放完火后，陆逊也不偷闲，迅速动员全军，集中起力量突击刘备的主营。蜀营正值放松时期，士兵们正围着篝火唱着蜀歌，回忆着昔时在蜀中的日子，不料顿时火势来袭，恰似一只巨型疯狗直奔蜀营，留下了炎炎鲜血。

蜀军军中大乱，陆逊乘势发起反攻，命朱然率军五千首先突破蜀军前锋，然后猛插到蜀军的后部，与韩当所部进围蜀军于涿乡（今湖北宜昌西），从而切断了蜀军的退路。另命潘璋所部猛攻蜀军冯习部，潘璋不负重任，大破冯习。接着，令诸葛瑾、骆统、周胤诸部配合陆逊的主力在猇亭向蜀军发起攻击。与此同时，驻守夷道的孙桓也率军加入战斗。吴军进展顺利，攻破了四十多座蜀军营寨，斩杀张南、冯习和沙摩柯等蜀国将领，收降杜路、刘宁等将，并且用水军截断了蜀军长江两岸的联系。

刘备被陆逊参了这一军，却仍然无法承认这个无名小将会如当初的周瑜一样火败曹魏，因此刘备在这情形下，非但不全军撤退，却企图集结起长蛇般分散的兵力，与陆逊进行正面对决。陆逊如何能让蜀国大军集结起来，他必须将刘备的军令扼杀，因此陆逊拼尽全力攻打刘备主营，另也派出部分兵队分散突袭各个军营。刘备轻视敌人，在突如其来的打击下终究坚持不了，不得已只得放弃集结的计划，命令全军撤退。

刘备大败至此，逃至马鞍山，却仍不甘心承认自己输给了后生小辈，想于此重新集结起败兵，与陆逊再次决一死战。陆逊率领的军队士气高涨，没有给刘备任何喘息之机，很快便追了上来，在马鞍山相遇蜀军。刘备军士气低迷至此，何况撤退期间已丢失了绝大多数军械，劣势的兵力终究敌不过吴军，最后落得个全军崩溃。士兵们死的死，逃的逃，将领们保护着刘备夜间突围，差点在石门山（今湖北巴东东北）被吴将孙桓率领的部队抓获。幸而驿站人员焚烧败兵留下的装备，封堵了道路，刘备才顺利脱身，逃入永安城中（又叫白帝城，今四川奉节东）。吴将潘璋、徐盛等人都主张乘胜追击，唯陆逊顾忌到曹魏方面可能会乘陆逊大兵出境时袭击后方，陆逊遂停止追击，主动撤兵。后曹魏果然攻吴，终因陆逊早有准备，无功而返。

夷陵之战最终以吴军大败蜀军而告终，这场战争从头至尾充满了戏剧性。先是刘备以关羽、张飞为借口,大举攻吴。其实我们都明白,刘备用情不至于此,而他之所以着急夺取东吴,无非是为了弥补昔日《隆中对》里的宏图。可惜刘备非但弥补不了,还大损国力,更加毁灭了实现《隆中对》的可能。然后陆逊一出手,刘备就乱了。刘备麻痹于陆逊的骄兵之计,在吴军的顽强抵御面前,不知道及时改变作战部署,更采取了错误的无重点处处结营的办法,兼之对地形了解不透彻,使军队在崎岖山道中进退维谷,最终陷入被动,自食"覆军杀将"的恶果,令人不胜感慨。再看陆逊,他一开始便正确地分析了敌情,制订了详细的战略计划,诱敌深入趁敌兵疲惫强力反击并巧妙地发动火攻,最终以弱胜强使这次防御转入反攻,成为战略史上的经典案例。此战也成了陆逊的成名战,体现了其高超的指挥艺术和军事才能,令其晋身为一位杰出的军事统帅。

夷陵之战结束了,江东得到了暂时性的胜利。然而,经此一战,鲁肃一生致力实现的吴蜀联盟关系却也进一步地恶化了。另外,夷陵之战大大地削弱了吴蜀两国的国力,由此看来,这一场战争的最大受益者,是曹魏了。诚然,这是后来的形势。而此时,刘备经此一败,已然站不起来了。既然已经不行了,也只好将身后事安排下,至于未来如何,则不是自己能管得了的了,只是入蜀不久的刘备,在安排后事上,还另有一番斟酌。

我把儿子交给你

蜀章武三年（公元223年），刘备病卧在白帝城中，对着众大臣，心里思虑着年幼的刘禅该交由谁来辅佐。这自然是一个大问题，这个大问题可以直接关系到蜀国未来的何去何从。

夷陵之战非但无法给刘备戎马一生的生涯画上一个完美的句点，反而给了这位混迹多年的经验派一个灭顶的教训。此时刘备已年过花甲，本就不健朗的身子经此大败，又如何承受得住？因此刘备退回白帝城后便一病不起，连成都都回不去了，只好待在白帝城里休养。另一边，江东虽得了大胜，却也不敢马虎，毕竟面对着较之强大的魏国，孙权还是得保持谨慎。因此孙权一听刘备还停驻在白帝城，以防他再次进军，急忙遣使求和。刘备大病，自知不久人世，心思都在后事之上，吴国那边能缓当缓，正是求之不得，因此也就答应了孙权的求和。

吴国这边的事是缓了，不用刘备去担心了，然而正如历来所有帝王所担心的,刘备也在烦躁着他的身后之事。刘备的儿子不多,长子刘禅,还有两个幼子叫做刘永和刘理,另有一个养子刘封。刘理和刘永在历史上的记载不多,想来刘备均以仁义教子,二人自然也不是爱争之人,因此后嗣之争出现的可能性是不大的,基于这点,刘备比曹操和孙权就幸运多了。然而继承人虽无异议,难就难在托孤大臣。

此时刘禅虽不算年幼,然而比起曹丕来尚嫌稚嫩,更别说比他老了一辈的孙权了,因此,若不找一两个大臣辅佐,刘备是断断不能放心而去的。而托孤大臣的选择又是极其难的,当年汉武帝独具慧眼,找了霍光这位忠心的能臣,将武帝晚年积聚的各种弊病逐一解决,为宣帝中兴汉朝付出了绝对的功劳。因此刘备势必谨慎,必须像前人一样,做一个妥善的安排,为蜀国的安定做出最后一点贡献。

而刘备众观大臣,诸葛亮是必不可少的,毕竟这是一个陪他从头打到尾的老臣,更是一个政治能人。除此之外,刘备还找了另一个我们不是很熟悉的人,他叫做李严。

李严,字正方,南阳人。早年追随刘表,后因曹操出兵荆州,故流亡入蜀,投于刘璋麾下,被任命为成都县令,治政间因能于政事而名声渐显。后刘备进军蜀绵竹关时,李严阵前倒戈,率众投降,从此归于刘备帐下。刘备入蜀后,益州一度法纪松弛,便命军师将军诸葛亮、蜀郡太守法正、昭文将军伊籍、左将军西曹掾刘巴与李严五人一起制定《蜀科》,后来成为了蜀国的法律体系的基础。由此观之,李严也是个治理政事的能人,当然，刘备找他来，倒也不仅仅只是因为他能治政。

诸葛亮虽说在蜀中的声望是高的，然而对于益州，他毕竟只是个外来之人，而刘备入蜀不久，蜀中众臣之心尚不能全服，如若将一整个江山就推给了诸葛亮一人，那么蜀中的大臣又如何能平静得下心来？所以刘备必须再找一个原刘璋手下的大臣，让益州人士知道他刘备并没有偏向于哪一方，因此李严的在场也就可以理解了。当然，从另一方面来说，刘备对于诸葛亮还是有所顾忌的，毕竟诸葛亮在刘备军中的威望过高，如若诸葛亮要争权，刘禅这个毛头小子如何能对抗得了？这点在入蜀之前，应该说刘备就有所考虑的。

当时进西川，刘备带的是庞统而不是诸葛亮，这无疑是为了防止诸葛亮功高盖主，以后难以压制。而进西川后，诸葛亮的地位甚至还没有糜竺、孙乾等人高。所以在刘备的房间里，才会有这样一幕托孤场景："蜀章武三年（公元223年）春，先主于永安病笃，召亮于成都，属以后事，谓亮曰：'君才十倍曹丕，必能安国，终定大事。若嗣子可辅，辅之；如其不才，君可自取。'亮涕泣曰：'臣敢竭股肱之力，效忠贞之节，继之以死！'先主又为诏敕后主曰：'汝与丞相从事，事之如父。'"（《三国志·蜀书·诸葛亮传》）

刘备竟然对诸葛亮说：如果我儿子不行，你就罢免了他，蜀国就送你了。这话有多少重量，直吓得诸葛亮汗流满面，双腿发软。辛苦打下的江山，能说送人就送人？明眼人都知道刘禅没有诸葛亮行，难道蜀国就真的送给了诸葛亮？其实我们都懂，包括诸葛亮，刘备说出这话绝非真心话，除非他真的昏迷得不省人事，说说梦话。刘备这话就像一根心理上的绳子，将诸葛亮死死地吊了起来。他明白诸葛亮不是王莽一类的人物，诸葛亮是儒学学士，身上背负着道德仁义的声望，因此这话一出，无疑在告诉诸葛亮：你将来若是这样做，那你只有落入"不臣不忠不义"的罪名。所以说这话对于诸葛来说是非常重的，就像一个铁锤锤在了诸葛心中，让诸葛亮明白了主公对他的猜忌，也明白了他以后所要面对的困难，非但关于蜀国的强盛，也关于自己身居高位的安危。由此看来，刘备这话与其说出自真诚，不如说是一种威胁，一颗包着糖衣的炮弹。

从以上的分析看来，刘备托孤的思虑是很全面的，他考虑了以诸葛亮为代表的追随自己打下江山的荆楚集团和以李严为代表的原跟随刘璋的益州集团，巧妙地平衡了两个集团的力量，使其互相制衡，不至于权力过分地掌握在其中一方手中。当然，他也明白李严的威望难以和诸葛亮抗争，所以他最后还适时地扔给了诸葛亮一个道德重负，手段不可谓不高。然而，刘备不是神人，他只能尽量按自己的想法去安排后事，自然也不能安排得面面俱到，而后事也并非能由他的三言两语去操纵。这些刘备都懂，所以到了最后，他也只能平静地合上眼睛。人一走，世间之事也就无关于己了，至于后世如何演绎，那也是后世的事了。刘备就这样走了，昔时满怀雄心的小将，一路颠簸而来，跑遍中原的大地，只为寻安身之所，伺机而动。现如今，刘备有了自己的国家，有了自己的百姓，然而还未将一生的奔波弥补回来，他就走了，含着遗憾，也含着些许的满足，刘备与世长辞。无论后人如何评价，无论刘备的仁义是真是伪，他都让我们看到了一个追梦人的脚步——不妄自菲薄、不轻言放弃。

刘备驾崩，谥号昭烈帝，庙号烈祖。刘禅——也就是历史上著名的阿斗——即位了。至于刘禅此人究竟如何，那是后话。此时，蜀国新君刚立，诸葛亮受托，回成都搞内政和外交去了。诸葛亮的首要外交对象自然是吴国，因此两国互派来使，由此出现了几个能辩之士，丰富了三国的外交故事。而在两国结交秦晋之好时，魏国的曹丕可是看红了眼了，此前，他静静地看着吴蜀的夷陵之战，这时，是到他动身的时刻了。

曹丕，开始了他父亲走过却没有走完的路——南征孙吴。

第五章

曹丕伐吴：去江南打打仗

小曹同志来了

曹丕自从继承曹操王位并篡夺汉朝天下后,便一直觊觎着孙权脚下的江东之地,他一直在寻找时机,誓要完成其父亲未竟之事业。

赤壁之战后,孙权在外交联盟的对象上一直徘徊在魏蜀两国之间。后来,曹丕篡汉,刘备也在蜀中称帝。孙权因此急了,三分天下的局势已然清晰化,于是他也想当皇帝了。可是别说自己无故称帝可能引来讨伐之师,便是此时,来自蜀国的压力已经到达吴国了——刘备举全国之兵为关羽报仇来了。在这种情况下,孙权再三权宜,最终决定北降曹魏,对曹魏"使命称藩"。

诚然,曹丕也明白孙权此举不过是权宜之计,然而他也乐意见吴蜀两国对斗,如若斗出个两败俱伤,那不仅自己长期以来所期盼的东吴有所着落,便是整个天下也即将收入囊中。因此为了挑拨两国之间的关系，曹丕给孙权封了个吴王，"以大将使节督交州，领荆州牧事"。据《吴主传》注引《江表传》载，当时江东各位大臣都反对受封，以为应当称他做九州伯，孙权却解释说："九州牧，于古未闻也。昔沛公亦受项羽拜为汉王，此盖时宜耳，复何损邪？"又说："若不受其拜，是相折辱而趣其速发，便当与西俱进，二处受敌，于孤为剧，故自抑按，就其封王。"（《三国志·吴书·孙权传》）

当时，魏使邢贞拜孙权为吴王，孙权亲自出迎都亭以等候邢贞，邢贞见孙权亲自出迎，遂摆出大使的姿态出来，面露骄色。张昭见邢贞如此，大怒，当时有徐盛在旁，亦怒，对左右说："盛等不能奋身出命，为国家并许洛，吞巴蜀，而令吾君与贞盟，不亦辱乎！"说完竟泪流而下。邢贞听说后，自叹道："江东将相如此，非久下人者也。"（《三国志·吴书·徐盛传》）

确实，江东远非久下人者，这点曹丕也懂，因此曹丕一面接受孙权的称臣，另一方面也尽可能地制造理由得以对孙权进行讨伐。魏黄初三年（公元222年），"魏文帝遣使求雀头香、大贝、明珠、象牙、犀角……"，从这里便可看出曹丕正在找问题刁难孙权。只是孙权非但是个有远见眼光的外交家，更是负有颇大胸襟的政治家，他面对着这样的刁难，面对当时东吴群臣一致认为"所求之物非礼也，宜勿与"的劝谏下，他还是从容地说，"彼所求者，于我瓦石耳，孤何惜焉！""皆具以与之"（《三国志·吴书·孙权传》）。

当然，曹丕见孙权如此能忍，自然也不会轻易就有所放弃，因此他一直在寻找着方法来变本加厉地刁难孙权。后来还是让他想到了：找孙权要质子！这要求传到吴国，孙权慌了，他明白质子一旦入侍于魏，吴国的独立就将会成为乌有，可是如若不交质子，又怕曹丕兴师问罪。于是孙权最后想到一个字——拖。

孙权首先采取了"以登（孙登，孙权长子）年幼，上书辞封"，同时又重遣"西曹掾沈珩陈谢，并献方物"来迎合曹丕。不仅如此，他还接连几次给魏文王上书，想造势来营造假象蒙骗曹丕，上书是这么说的："欲遣孙长绪与小儿俱入，奉行礼聘，成之在君。"只是"拖"终究不是一个长久的办法，到了最后实在拖不下去的时候，孙权也不得不上书"请以十二月遣子"。

虽说"拖"非长久之计，然而质子之争中孙权"拖"的外交策略获得了成功。不仅争取了时间，也保证了夷陵之战的胜利。只是军事上是赢了，然而外交上又出现了危机，质子之争的一拖再拖使得吴与魏的关系急剧恶化，曹丕开始兴师问罪，出兵伐吴。这时候，孙权与魏的外交已然没有回转的余地了，所以，孙权只能"改年，临江拒守"。

谋略富于远见的孙权当然也不可能坐以待毙，让自己陷入两面夹攻的境况。他再次运用他灵活多变的外交手段，加紧联络刘备，遣使入蜀通好。从当时形势看，蜀弱魏强，吴在三国之中联蜀才能立国，附魏只能称臣。这就决定了孙权的外交从长远来看必定要倒向蜀吴联合一边来。面对孙权毫无诚心的称臣，曹丕开始南下征讨孙权。

魏黄初三年（公元222年）九月，曹丕命征东大将军曹休、前将军张辽、镇东将军臧霸出洞口（今安徽和县江边），大将军曹仁出濡须（今安徽巢县南），上军大将军曹真、征南大将军夏侯尚、左将军张郃、右将军徐晃围南郡（今湖北公安）。三路大军一齐进发，由此，曹丕开始了他的南征计划。

面对曹丕的南征，孙权明白再灵活的外交手段也无法阻止他的决心了，此时的东吴也只好以硬碰硬了。于是，孙权派建威将军吕范督战，派水军攻打曹休，又令左将军诸葛瑾、平北将军潘璋、将军扬粲支援南郡，裨将军朱桓守濡须抵抗曹仁。

其中，曹休为征东大将军，假黄钺，督前将军张辽、镇东将军臧霸、豫州刺史贾逵等及诸州郡二十余军从西线出击洞浦。为对抗西线的曹休，东吴派遣了建威将军吕范指挥五路大军，以水军的优势抵挡西线曹休的进攻。曹休立功之心如虎饥渴，他上表曹丕，说："原将锐卒虎步江南，因敌取资，事必克捷；若其无臣，不须为念。"（《三国志·魏书·曹休传》）然而曹休部下皆认为此计甚险，兼之曹丕也没有准许，因此计划搁置了起来。过了不久，吕范船队的所有缆绳正好被暴风所吹断，所有吴军船只纷纷漂至曹休等人的营垒前。上天助曹，曹休自然不会放过这个好机会，因此立即下令出战，斩杀了数千吴军，取得大捷。曹丕得知消息后，立即下令曹休的军队即刻渡江，乘胜追击。所幸东吴这边的救援船队及时赶至，才不至于全军溃败。只是魏军此时气盛，曹休命令臧霸率领万余人攻袭徐陵，又胜了一场，杀吴军数千人。吴将全琮、徐盛率军反击，才抵挡住了曹休的进攻。

魏军在西线取得了良好的战绩,而进攻江陵的曹真一方却没有大的突破,围江陵城达数月,始终被太守朱然拒之城外。再看中路直逼濡须口的曹仁,却大败于此。

魏黄初四年(公元223年),曹仁率领的中路军一路直抵濡须城,声东击西,引诱朱桓分散部分兵力援救羡溪(今安徽裕溪口),然后亲自率步骑数万直扑濡须城。朱桓得知自己上当以后,令派往羡溪的援兵急忙赶回。然而援兵撤回的速度终究赶不上曹仁的进军,此时曹仁已兵临城下。朱桓紧张了,他的城里现在只剩五千余守城部队,兵力之少面对曹仁大军,搞得人心惶惶。可是朱桓也不失分寸,他向将士分析了敌之不利和己之有利条件,从而激励将士,使将士恐慌的心平静了下来并有了胜利的信心。然后下令偃旗息鼓,外示形弱,其目的为引诱曹军攻城。果不其然,曹仁之子曹泰举兵进攻,将军常雕、王双等受命前往攻打吴军眷属所在地中洲(今湖北长江枝江沱水间)。

曹仁部将蒋济以不可贸然涉险劝阻,曹仁不听。面对大敌压境,朱桓亲自带领众将士与曹泰抗衡,发动了猛烈的反攻,曹营被捣毁,曹泰战败。曹泰面对朱桓的强势反攻,只得撤军。朱桓把握机会加强反攻力度,消灭敌军千余人,常雕阵亡,王双被俘。至此,魏军对濡须口的进攻宣告失败。大军失利,魏军只得全军而退,伺机再出。

濡须口一战中,朱桓完美地表现出了其卓越的作战能力和临危不惧的魄力,示弱于敌,诱敌出击,终获胜利,致使曹丕的第一次南征无功而返。

虽然此次顺利挡住了曹丕的进攻,然而曹丕蠢蠢欲动的心一经爆发便再也止不住了,所以孙权明白,若不尽快与蜀国连为一体,只怕时日久了,终究抵挡不了魏国的进犯。而蜀国一边也明确自己的国力尚不足以对抗魏国,在这种局势下,只有结盟吴国,得其帮忙共灭魏国,蜀国才有进一步壮大的可能。因此,吴国与蜀国之间互派使者,从而留下了"辩天"这样精彩的外交艺术。

天在哪里

三国历史风云际会：武将呈勇，文人斗智，演绎千古风流。三国中层出不穷的计谋，展现了诸多能言善辩之士令人拍案叫绝的辩术风采。如舌战群儒时东吴诸将与诸葛亮的论战，除张昭问题答得中正安舒之外，还有蜀国的平南将军秦宓巧言逞天辩。

秦宓，字子敕，是个善口才、通史略之人，在秦氏各宗支的谱牒上被多次提及。而他一生中最令世人称道的是与吴国使者张温的辩天。秦宓面对张温的发难对答如流，使得满座皆惊，令张温哑口无言。叹服中生敬佩。这一辩之精彩，使其本身及其辩者天下闻名，流芳百世。

刘备因夷陵之败染病亡故后，诸葛亮见蜀国国力大降，急忙派邓芝使吴，洗旧冤、结新盟。邓芝不辱使命，说服孙权联蜀抗曹。孙权又派张温随邓芝入川答礼通好。在诸葛亮的安排下,蜀后主刘禅听取了诸葛亮的建议,率文武官员迎接并盛情款待了张温。而后诸葛亮再次单独设宴款待张温。

张温来到蜀国后,恃才傲物,态度行为非常嚣张。此时在诸葛亮为他设立的宴席之上,百官皆至而一人未来,诸葛亮因此多次差人去唤这个人物。张温见诸葛亮如此重视,心中有所不快,毕竟这宴席的主角是他。于是张温走到诸葛亮身旁,问他:"彼何人也?"诸葛亮回应他说:"益州学士也。"(《三国志·蜀书·秦宓传》)张温心中不屑了一下,不过一个学士而已,竟如此不给自己面子,一个宴席都要人家唤那么多次,因此心有发难之意。

一会儿,秦宓来到,张温笑脸迎上,问他:"君学乎?"秦宓也笑脸回他:"五尺童子皆学,何必小人!"(《三国志·蜀书·秦宓传》)秦宓之意是说蜀中人才辈出,便是一孩童都有点见识。张温是个聪明人,自然听出话中有话,于是在心中思索个话题来为难他,要他为他的猖狂感到后悔。

只见张温忽然大声问秦宓:"天有头乎?"张温此话一问出,立即引起在场众人的好奇,于是各各屏息,静观一场好戏的上演。

秦宓面对张温的忽然发问,毫无胆怯之像,答:"有之!"

"在何方也?"

"在西方。诗曰:'乃眷西顾。'以此推之,头在西方。"

张温又问:"天有耳乎?"

"天处高而听卑,诗云:'鹤鸣于九皋,声闻于天。'若其无耳,何以听之?"

"天有足乎?"

"有。诗云:'天步艰难,之子不犹。'若其无足,何以步之?"

秦宓面对张温的发难,凭借渊博的知识,斗胆放言,引经据典,对答如流,一个虚拟的天,楞让他说得活灵活现,让张温感到无懈可击。从前三个问题看来,秦宓引经据典如探囊取物之轻松,一口气便用了三个"诗曰",引古论今,可谓白纸黑字,铁证如山,实在令张温没有一点可以抵赖的余地。由此,三个问题,秦宓已经在气势上压倒了对方。

当然,这三个问题不过是铺垫而已,顶多让我们看到秦宓知识渊博,而接下去的回应才令人拍案叫绝!

只见张温继续问道:"天有姓乎?"

"有。"

"何姓?"

"姓刘!"

"何以知之?"

"天子姓刘,故以此知之!"

天姓什么?可谓是这场辩论赛的重头戏,也是这场辩论由隐喻走向明朗,由后台走向前台的转折点。这个问题之刁钻程度,实在具备十足的政治挑衅性。然而秦宓仍是处事不惊,临危不乱,斩钉截铁地说"姓刘"。而"姓刘"的依据居然是"天子姓刘"!这个回答相比于第一个"头在西方"可谓霸道许多,然而就是因为霸道，使得张温的气势几近被压倒，也让世人看到了蜀国士人不是只懂逗口舌之人，更是一群不屈之士！

可怜张温，先前的问题都是作为铺垫来的，他本想借此话题来刁难秦宓，引秦宓入陷阱，可秦宓才思敏捷，对答如流，非但一一回应了张温的问话，还将张温反引进他的陷阱，最终得出"天姓刘"的结论，实在精彩。估计此时张温已经面露窘迫之色了。然而那么多人看着，怎么能输呢？因此张温做出了最后一搏，继续发问。

又问："日生于东乎？"

东，指的便是东吴，日生于东，便是有天意在于东吴的意思。张温不愧为东吴名士，这个问题问得好！日生于东，是为事实，秦宓不可能去说日不生于东，这显然是狡辩。而如果秦宓承认日生于东，那不意味着秦宓承认了天意在于东吴？因此这个问题一出，张温倒要看看秦宓这下如此回答。然而秦宓依旧不慌不忙，从容地答曰："虽生于东而没于西。"

这个回应可谓精彩至极。西，便是西蜀，太阳最终的归属不是在东边，而是在西边！天意最终的归属不是在东吴，而是在西蜀！秦宓的回答在承认了客观事实之时，也不忘了反将张温一军，指出了另一个客观事实：日落于西！天意终将落于西蜀！

辩论至此结束，秦宓面对张温的发难，一一从容对答，引得在座人士无不欣喜异常，纷纷鼓掌。便是张温，这个在东吴响当当的铁齿之人，见秦宓思维如此灵活，也不得不深感敬服。

这场辩论，看似虚无缥缈，如同儿戏，实际上，这场辩论远不是一场文人间的斗嘴而已，它是"醉翁之意不在酒"，有内在的政治斗争深藏其间。我们都知道，蜀、吴两家虽然在大方向上是联合的，但政治之上无朋友，联合之中也要内见高下，所以这场辩论赛，表面上谈的是虚无的"天"，但实际上，"天"作为政治斗争的附着物，不过为双方辩士提供了一个己国为正统的冠冕堂皇的理由。例如，东吴在东方，张温就以"日出东方"来隐喻东吴的正统性；而蜀在西方，秦宓就以"没于西"来隐喻蜀的正统性，可见辩天辩的不是天，而是国。

其实抛掉辩天的政治性，这场辩论也是好戏连台，精彩纷呈。如若再结合"天"的深层意味，这场辩论不愧为外交史上的艺术魁宝，其价值足以流传千古。

当然，吴、蜀这时是在联盟，不是在对峙，诸葛亮明白这个道理，那他又如何能让张温过于难堪呢？因此看了一场好戏后的诸葛亮，虽在心中暗暗惊喜于秦宓的辩才，也为秦宓在张温面前长蜀国志气而感到欣慰，但他该出面时还是得适时而出的，他不能让场面搞得过僵，这显然不利于吴、蜀两国的关系，因此这场辩论在诸葛亮的婉转阻止下停止了。

吴、蜀两国继张温出使后，多次互遣使者来往，从此确立了坚固的联盟关系。魏文帝曹丕一听说这事，知道两国联盟对自己不利，因此以孙权反复为名，于魏黄初五年（公元224年）再次举兵南征。

不要跟我抢东吴

张温出使蜀国后,蜀国作为回报,再次派出了邓芝出使吴国。这个邓芝多次出使吴国,为吴、蜀两国的联立付出了可与当年鲁肃匹敌的贡献。

邓芝,字伯苗,义阳新野(今河南新野)人。年少时便入蜀,却始终没有得到重用,他困惑之下便去询问当时擅长相术的张裕。张裕这样对他说:"君年过七十,位至大将军,封侯。"(《三国志·蜀书·邓芝传》)邓芝半信半疑,然而此语作为一种勉励之语也自是有其益处。后来刘备入蜀后,受刘备征召,先后担任郫县邸阁督,后又历任郫县县令,广汉太守、尚书。

魏黄初四年(公元223年),孙权为修复因夷陵之战而破裂的吴蜀关系,曾派使者请求和解。后刘备病逝,诸葛亮担心孙权得知消息后会有所变异,因此急需一个使者为他出使东吴探寻孙权的意思。就在诸葛亮烦恼之时,邓芝来见他了。

邓芝明白此时的局势，孙权历来徘徊在蜀国与魏国之间举棋不定，而蜀国若要对抗魏国，就必须争取到东吴的支持，因此邓芝一见诸葛亮便对他说："今主上幼弱，初在位，宜遣大使重申吴好。"诸葛亮正愁着要派哪一个能言之人前往东吴，看到了邓芝后，忽然兴奋地说："吾思之久矣，未得其人耳，今日始得之。"（《三国志·蜀书·邓芝传》）邓芝于是接受了诸葛亮下达的任务，前往东吴说服孙权去了。

孙权得知刘备逝世，果然又有所徘徊，因此当得知邓芝来见时，他并没有立即接见。邓芝见孙权一再推托，便主动上表求见孙权，上表中说了："臣今来亦欲为吴，非但为蜀也。"（《三国志·蜀书·邓芝传》）孙权见了上表后，遂接见邓芝。

邓芝见孙权时，孙权一开口便向他吐露心声了，他说："孤诚原与蜀和亲，然恐蜀主幼弱，国小势逼，为魏所乘，不自保全，以此犹豫耳。"（《三国志·蜀书·邓芝传》）孙权这话是事实，这确实是他现在的尴尬处境。而他此语一出，也为了能听听蜀国的这个使者能提出什么好的计策来。

邓芝回孙权说："吴、蜀二国四州之地，大王命世之英，诸葛亮亦一时之杰也。蜀有重险之固，吴有三江之阻，合此二长，共为唇齿，进可并兼天下，退可鼎足而立，此理之自然也。大王今若委质于魏，魏必上望大王之入朝，下求太子之内侍，若不从命，则奉辞伐叛，蜀必顺流见可而进，如此，江南之地非复大王之有也。"（《三国志·蜀书·邓芝传》）邓芝一席话先捧起了孙权和诸葛亮，继而明确了吴、蜀现在的关系是连于一体的，一兴则同兴，一败则同败。孙权听了邓芝的话，思虑过后觉得深有道理，因此决定和魏国断绝关系，与蜀联合。

蜀建兴二年（公元224年），吴国派张温出使蜀国，从而留下了辩天这样的精彩故事。作为回应，蜀国再次派出了邓芝出使吴国。这时孙权接见邓芝，对邓芝说："若天下太平，二主分治，不亦乐乎！"邓芝却对孙权说："夫天无二日，土无二王，如并魏之后，大王未深识天命者也，君各茂其德，臣各尽其忠，将提枹鼓，则战争方始耳。"邓芝直言提出了政治上没有永远的朋友，另孙权大喜于他的率直，因此大笑说："君之诚款，乃当尔邪！"后来孙权给诸葛亮的书信中提到了邓芝，说："丁厷掞张，阴化不尽；和合二国，唯有邓芝。"（《三国志·蜀书·邓芝传》）他认为邓芝态度真诚，无虚华之语，由此观之，吴蜀的联合，邓芝该记第一大功！

就在蜀国极力争取吴国的同时，魏国也在蠢蠢欲动。先前，曹丕因孙权的反复就领兵直下江南，进行了他的第一次南征。这下，吴国非但没有得到教训，反而和蜀国更加光明正大地亲密起来。吴、蜀联盟，对曹魏是有百害而无一利，当初曹操在赤壁之战中不就败于两国联盟吗？因此曹丕必须和蜀国争取吴国，他并不需要吴国的支持，他只需要吴国保持中立。而曹丕亦明白吴国最好的考虑就是结交蜀国，因此魏国和吴国之间讲不了道理，既然讲不了道理，那就直接用武力。

蜀建兴二年（公元224年）七月，曹丕再次准备伐吴，侍中辛毗劝谏说此刻不是最佳时机，应该好好安顿百姓，充实国力，待十年后再出兵。然而曹丕如何能等十年，因此辛毗的话他听都不听，于同年八月亲御龙舟，循着蔡水、颍水，入淮河至寿春（今安徽寿县），九月又直入广陵（今江苏扬州东北），企图以此横渡长江。

东吴听到曹丕入侵的消息，当时有徐盛提议在建业（吴国都城，今江苏南京）周边修筑围栏和篱笆，造假楼，并在江中设船。众将听了徐盛的计策，不明白这样做有什么意义，遂无几人赞同徐盛的想法。然而徐盛排除他人的非议，坚持实施了自己的计划。

待曹丕大军到达广陵后，对那片围栏产生诸多疑虑，再看长江，此时江水正在上涨，面对如此危险的情势，曹丕叹道："魏虽有武骑，无所用之，未可图也。"（《三国志·魏书·文帝纪》）时曹丕承龙舟，遇暴风飘荡，几至覆没，只得放弃渡江，领兵而归。

一年后，曹丕又以水师征吴。御史中丞鲍勋认为伐吴劳兵袭远，日费千金，劝阻曹丕再次南征。然而曹丕不听，甚至大怒，贬鲍勋为治书执法。五月，亲自领兵至谯（今安徽亳县），八月入淮。尚书蒋济上表说水道难通，曹丕又不从，待到十月到广陵之时，临江而望，才发现此时天寒，江河有结冰之相，船竟无法渡江。曹丕见大江波涛汹涌，想起多次南征均碍于长江的阻隔，不禁叹道："嗟乎，固天所以限南北也！"（《三国志·魏书·文帝纪》）可怜曹丕生平之志，就败于一条江上。

时吴国将军孙韶乘曹丕处于退兵之际，派遣高寿率领敢死者五百人，于夜间行小路袭击曹丕，曹丕大惊，然终有幸逃回。虽则逃过一劫，然而曹丕三次亲自南征，均无功而返，此时回到洛阳后竟一病不起。魏黄初七年（公元226年），曹丕病死于洛阳，于临终时将曹叡托付给了曹真、司马懿等人，享年四十岁。曹丕在位七年，虽无出彩之处，然而还是兢兢业业做了不少事来，倒也不失为一位好皇帝。曹丕逝世后，曹叡即位，改元太和，他就是魏明帝。

就在曹丕忙着南征孙权时，蜀国南方的叛乱传到了诸葛亮耳里，攘外必先安内，诸葛亮由此也开始了他的南征行动。

七纵七擒收孟获

蜀建兴三年（公元225年），益州南中（今云南、贵州和四川西南部）传来了叛乱的消息，其为首者为永昌太守雍闿。

雍闿，建宁（今云南曲靖）彝族人，其祖为当年刘邦最为厌恶的武将雍齿。蜀建兴元年（公元223年），雍闿听说刘备驾崩，遂于益州南中发动了叛动之举，杀死了太守正昂，而后在士燮的引诱下归附了东吴。雍闿擒缚了当时的益州太守张裔送于东吴，东吴见雍闿绑将来降，遂接受其投降，以其为永昌太守。

当时有云南太守和府丞蜀郡王伉亲自率领士兵抗击雍闿，使得雍闿在南中地的叛乱无法顺利进行，雍闿于是派出当地彝族的首领孟获煽动各诸侯造反以配合他的行动。

诸葛亮一得到消息，立即亲率部队往南中进发，临行前刘禅赐诸葛亮金铁钺一具，曲盖一个，前后羽葆鼓吹各一部，虎贲六十人。就在诸葛亮南征途中，却传来了雍闿已被其部下高定所杀。然而高定此举不是为平乱，而是和雍闿争个乱贼头子做做，所以他杀死雍闿后，南中叛乱的任务便便落于他肩上了。

高定算是什么大人物，哪能抵挡得了诸葛亮大军的讨伐？待诸葛亮军队一到南中，高定便被斩杀了。诸葛亮斩杀高定后，顺利平定了高定部曲的反叛，然而当时受雍闿煽动的彝族首领孟获，现在还据守一方。

关于孟获其人，学界一直是有争议的。民国时云南地方史志专家张华灿先生就曾作《孟获辩》称孟获其人是"无是公"，也就是历史上根本没有这个人。因为他认为陈寿既然对于南中叛党雍闿、高定有所记载，那么对于能兼服汉夷的孟获是不可能不记载的。张华灿先生的观点其实代表了现在许多学者的观点，当然，也有学者认为历史上是有孟获其人的。

黄承宗先生就认为，虽然孟获的生卒年无法考证，但孟获还是确有其人的。清光绪二十七年（公元1901年）于云南昭通县县城南十里白泥井出土的"孟孝琚碑"，该碑上记载了汉代孟姓在历史上是南中的最著名的两个大姓之一，这是支持孟获其人存在的证据之一。另外，关于孟获祭祀的历史也可以作证。据目前发现的实物资料，最早在唐代和宋代时期便开始了对孟获的祭祀，建国之前西南诸省对于孟获的祭祀更是无数。民间供奉的五显埴神，画轴左侧第三层有一孟获像，百姓称其为"扫坛蛮王"。

由此观之，孟获是真实存在于历史之中的，不过由于记载不多，导致形象模糊，以至于后人对他的存在产生了怀疑。

再说诸葛亮准备攻伐孟获，而他得知孟获此人不但作战勇敢，意志坚强，而且待人忠厚，在彝族中极得人心，便是汉族中佩服他的人也不在少数。鉴于此，他决定对待孟获的政策是收降，而不是斩杀。这时，马谡来见诸葛亮了。诸葛亮正好想听听马谡对于如何对待孟获叛乱的看法，马谡就对诸葛亮说了："用兵之道，攻心为上，攻城为下。心战为上，兵战为下。"（《襄阳记》）马谡一语说到了诸葛亮的心坎上去，诸葛亮欣慰地点点头，遂采用了马谡的"攻心为上"计策。而为了使孟获信服，诸葛亮竟然"七纵七擒"（《汉晋春秋》）孟获，最终总算使得孟获心服口服，至诸葛亮在世期间都未曾再发生叛乱之事。

"七擒七纵"四个字在罗贯中豪笔下演绎成了整整四个回目，如今，虽然大家对七擒孟获的故事已经耳熟能详，但其真实性还是有待进一步确认的。可以肯定的是这个故事最早由来是《华阳国志》卷四《南中志》，在《三国志·蜀书·诸葛亮传》中也有注引《汉晋春秋》的简要记载，《资治通鉴》对此事的说明则是参考了《华阳国志》。因此，我们无法分辨究竟是陈寿之后的史学家发现了陈寿未曾发现的新资料，充实了《三国志》的内容，还是后人将传说记入史册。魏黄初六年（公元225年）秋天，诸葛亮经过几个月的讨伐，至此完全平定了南中的所有乱事，收降孟获后更保证了南中地区的安稳。这下，诸葛亮可以放心地班师回朝了。

就在诸葛亮平定乱事后不久，魏黄初七年（公元226年），魏国方面传来了魏文帝曹丕驾崩的消息，诸葛亮大喜。从刘备驾崩到现在的三年时间里，自己励志图精，凡事必躬身力行，等的不就是这样一个机会吗？这样一个可以伐魏以扩蜀的机会，这样一个报先主之恩谋汉室之兴的机会。因此魏太和二年（公元228年），诸葛亮决定开始北上伐魏。

就在诸葛亮北上伐魏之前，他向后主刘禅递交了一份上表，这份上表就是流传后世的《出师表》。

《出师表》情意真切，感人肺腑，叙述了先帝对自己的重用，自己难以言表的感恩之情，表示一定会帮先帝完成遗愿，然后劝谏后主要广泛听取意见，纪律严明，远离小人。这样方可复兴汉家王朝。同时，他还表达了对后主的忠心。这篇文章光看便可感人至深，若再结合后来诸葛亮为蜀国的鞠躬尽瘁，这份《出师表》实在可令人感动。有如后来陆游所说："出师一表真名世，千载谁堪伯仲间。"而宋代学者赵与时则更加直接，直言："读诸葛孔明《出师表》而不堕泪者，其人必不忠。"虽有夸张的成分，却也不无道理。

后主刘禅看完《出师表》后，自也是深有触动，因此他批准了诸葛亮的上表，令其开始他的北伐计划。至此，三国历史进入了另一个阶段，这个阶段以诸葛亮为主角，谱写了一场北伐大战的辛酸史。

第六章

孔明北伐：我要对得起刘先生

孟达才是关键

诸葛亮在刘备逝世后,受托辅助后主刘禅,无论内政外交,凡事均躬身力行,使得夷陵之战大败后的蜀国国力渐渐恢复。后南征孟获,平定了南方乱事,至此,蜀国内部和外部环境已平静许多,诸葛亮观北伐时机已然成熟,遂上书《出师表》,驻扎汉中,准备北伐。然而一直到魏太和二年(公元228年),诸葛亮的准备工作才做好,那么诸葛亮到底是等什么呢?

先从地理位置上来看。诸葛亮重兵把守汉中,汉中的东北方是魏国关中、长安地区,汉中往西是祁山,往北是陇山、六盘山,往东是凉州,凉州南边就是长安。诸葛亮分析了各路进军路线,从阳平关进攻关中是最近的路线。但这里也是魏国守卫长安的战略要地,一定会有重兵布防。如若出兵秦岭,秦岭之险又需要修筑专门的行军栈道,这工程之浩大,对于蜀国国力来说,怕只能令诸葛亮望而却步。由此分析下来,诸葛亮觉得兵出祁山，由此夺取整个凉州才是最稳、最好之计。而如果在快速夺取凉州后，兼之另一个条件的实现，那么南下攻占长安将成为轻易之事。而这另一个条件是什么呢？那就是诸葛亮等待的时机——孟达。

孟达昔日因为关羽事件而无奈投降魏国，得到了曹丕的重视，令其驻守新城郡。新城郡是长安的另一个门户。若得此郡，长安的防御程度将大大下降，攻取长安将更加轻便。因此在诸葛亮第一次北伐中，孟达的战略地位非同一般。

孟达当年投降魏国时，曾给刘备上了一份辞表，字里行间无不显露自己的无奈与悲伤。又或是孟达也明白自己对于诸葛亮北伐的战略意义，心想看重自己的文帝曹丕既然已死，那自己在魏国恐怕再也得不到重用，倒不如回以前的国家为诸葛亮北伐立个大功。因此孟达暗中写信给诸葛亮，表明自己愿意反叛魏国再回蜀国的决心。诸葛亮见此来信，原来的计划添上了翅膀，如何能不喜出望外？当然，他也明白孟达是个反复之人，虽说他此时有叛魏之心，然而不过是因为曹丕死后失宠而有意向蜀，如若明帝曹叡对他使一个与曹丕一样的眼神，那么他便将立即换回他原本的面目，为此，诸葛亮想了一个办法。

当时魏国的魏兴太守申仪和孟达之间深有矛盾，于是诸葛亮钻了个空子，派出郭模到申仪处诈降，令郭模有意在申仪面前泄露孟达叛魏之事。如诸葛亮所预料，孟达听说事情已经泄露，立即做好起兵的准备。

另一边，申仪早已将此事密告司马懿，此前曹丕重用孟达时，司马懿就曾劝告他孟达言信倾巧，不可信任，这次果真应了他的思虑。司马懿得知消息后，知道自己不能将孟达逼得太急，如果逼急了，孟达果断起兵，那新城郡就拱手让给诸葛亮了。所以司马懿给孟达写了封信，对其极具慰解之意，信中说："将军昔弃刘备，托身国家，国家委将军以疆埸之任，任将军以图蜀之事，可谓心贯白日。蜀人愚智，莫不切齿于将军。诸葛亮欲相破，惟苦无路耳。模之所言，非小事也，亮岂轻之而令宣露，此殆易知耳。"(《晋书·宣帝纪》)

孟达得信后，以为司马懿并无意问罪自己，再看司马懿信中所言颇有道理，自己当时背叛蜀国，蜀人能不恨他？因此读信之下，又有所迟疑了。只是战争之事容不得迟疑片刻，就在孟达徘徊不前之时，司马懿已经暗中率军进讨。诸将均劝司马懿先观事变而后动，然而司马懿和诸葛亮一样，深知孟达为人，他说："达无信义，此其相疑之时也，当及其未定促决之。"(《晋书·宣帝纪》)此话说出的八天后，孟达还在蜀魏两国之间纠结时，司马懿已经率军抵达新城郡下，新城郡就这样在孟达的迷糊中不知不觉地被包围了。

司马懿此举神速，攻其不备，演义里用了"克日"一词，不无讽刺孟达的轻心，也明确了司马懿此人坚定而果决的用兵风格，难怪孟达都吓死了。在这之前，诸葛亮曾告诫孟达要加紧防范，防止上当。而孟达却回信诸葛亮，认为"宛去洛八百里，去吾一千二百里，闻吾举事，当表上天子，比相反覆，一月间也，则吾城已固，诸军足办。则吾所在深险，司马公必不自来；诸将来，吾无患矣"。等到司马懿领兵兵临城下时，才惊叹他用兵"八日而兵至城下，何其神速也"！（《晋书·宣帝纪》）再说诸葛亮听说魏国已兵围新城郡，急忙联络吴国，请求一起派出援兵解救孟达，却被早有安排的司马懿在西城的安桥、木兰塞等地拦截，无法继续进军给予支援。

援军难以到达，孟达只好自己加固城防，建立木栅来抵御魏军。司马懿却不让孟达有半刻喘息的机会，他挥师渡水，毁掉木栅，直逼城下，后兵分八路攻城。十六天后，孟达的外甥邓贤、部将李辅见攻城之急，防御不来，便开城投降，孟达由此被斩杀，新城郡才算保住了。

一个三国的反复小子孟达引起了诸葛亮和司马懿这两大主角的注意，可见孟达在当时的战略意义是足够大的。而一个战略意义如此之大的疆域之处，却由一个变化无常的人去把守，这曹丕也真够不行的，就因为文学上的趣味相投，就因为有着"进见闲雅，才辩过人，众莫不属目"的才能，就如此轻易地将军事重地交由一个更近于文人的武将，实在令人汗颜。如若曹丕此时未死，司马懿的出兵是否会受到阻碍，或者说，曹丕是否会因为司马懿擅自杀害孟达而怪责他，那自是令人不忍猜测了。

孟达死了，却为诸葛亮的北伐战争揭开了一个序幕，而司马懿对抗诸葛亮北伐的序幕战便打得如此漂亮，也似乎向我们暗示了一个两强相遇的局面。是的，司马仲达出来了，这个至此已辅佐魏国三代的大臣开始在军事上崭露他的头角了。诸葛亮北伐战争因为有了司马懿而更加精彩，司马懿也得遇他生平第一敌手，难怪二人大有英雄惜英雄之感慨，也令我们这些后人在谈及三国时，激动于两人亦敌亦友的交锋里。

魏太和二年（公元228年），孟达死了，虽说攻取长安的关键没了，然而并没有破坏诸葛亮兵出祁山的计划。祁山还是要出的，魏国还是要打的，而且就在当下。

我要我的中原

孟达死了,新城郡的希望没有了,诸葛亮也就不再等待了,他已经准备开始五次北伐的第一幕。

此时诸葛亮领兵驻扎汉中,与众将商讨如何用兵。站立一旁的魏延向诸葛亮提出了一个建议:"欲请兵万人,与亮异道会于潼关,如韩信故事。"(《三国志·蜀书·魏延传》)也就是说,魏延向诸葛亮请兵,准许自己以轻装兵快速出子午谷达长安,然后迅速东进夺取潼关等险要,与出兵斜谷的诸葛大军会合,凭潼关、武关等险要,直接夺取关中,从而拒魏军于关外。

《三国志》里魏延这个计划的战略性是一举拿下关中,为复兴汉家王朝做准备。魏延果然如虎狼,不是指其经后人演绎出的反骨,而是其体内充盈着冒险的血性,兵出子午谷是险招,毕竟子午谷和斜谷都是险道,倘若蜀兵一慢,魏国那边防御工作又做得很好,那么两军的会合只怕连实现的机会都没,最终落得被魏军一一击破的下场。只是，魏延兵出险招也是有道理的，如果凭借潼关、武关等天险守御关中成功，那么关中便将成为蜀军可靠的补给基地，从而使令诸葛亮无比头疼的粮草问题也将无忧。

然而诸葛亮天性谨慎，他不喜欢魏延这种妄想一步到达的险棋。当年关羽冒险北伐，虽留下水淹七军的战绩，却也致使后方空虚，被东吴乘了个空，因此诸葛亮更喜欢慢慢地来，稳稳地来，所以他驳回了魏延的提议，向将领们提出了自己的计划：令将领赵云、邓芝率一支部队到箕谷，假装要取道斜谷道攻打郿城，将魏军的眼光吸引到其上。然后自己经由坦道攻取陇右，从而切断魏关中与河西地区的联系，为进一步攻取关中和河西打下基础。诸葛亮的短期计划看似十拿九稳，然而汉中到陇右的运输线过长，难以支撑长期的作战，兼之陇右并非天然的防御基地，所以最后失守陇右的可能性很大，那么诸葛亮的北伐也就无功而返了。

两相比较之下，魏延的计划虽然险，然而倘若成功，那么光复汉室的计划可以说已经完成了一半。而诸葛亮的计划虽然稳，然而即便成功夺取陇西，诸葛亮都要为一条长战线而绞尽脑汁。由此看来，魏延的计划并不比诸葛亮差，然而当时统军的是诸葛亮，他既然已想好自己认为是十全九美的计划，而魏延的提议又不合他的口味，蜀军的进军便还是由诸葛亮说了算，因此魏延时常"谓亮为怯，叹恨己才用之不尽"（《三国志·蜀书·魏延传》）。

北伐就这样按照诸葛亮的计划开始了。大军分两路出发，诸葛亮自领蜀兵主力直达陇右一带。当时陇右天水郡郡守马遵正带着其部下数人随雍州刺史郭淮在各地视察，忽闻蜀军已兵至祁山，诸县响应。郭淮得知消息后，立即决定东行，回上邽守备。马遵想到自己的治所冀县在极其偏西之处，恐怕官吏百姓也望风而降，遂想跟郭淮一起东行。这时，马遵旁边就有人劝他了："明府当还冀。"（《三国志·蜀书·姜维传》）

这劝说的人名唤姜维，字伯约，汉献帝建安七年（公元202年）生于天水郡冀县（今甘肃甘谷东南），自幼和母亲一起生活，喜好当时的大家郑玄的学说，父亲以郡功曹身份战死疆场，故姜维得一中郎小官，参与管理郡守的军事工作。然而畏惧如马遵，见诸葛大军兵至，连县都不敢回了，于是他怒斥姜维："卿诸人复信，皆贼也。"（《三国志·蜀书·姜维传》）姜维无可奈何，只好看着马遵自去，自己和几个将领回到冀县。县民见姜维回来，大喜，纷纷推举姜维去见诸葛亮，于是诸葛亮在此收下了他日后的军事继承人姜维。至此，诸葛亮大军收降了陇右的南安、天水和安定三郡，陇右五郡（陇西、南安、天水、广魏和安定）收了三郡，消息传到魏国，曹魏那边是朝野恐惧。魏明帝一得到战报，急忙率领大军救援，亲自到长安坐镇，派出大将军曹真督军至郿县防御赵云，令张郃率军五万前往抵抗诸葛亮。

另一战线，赵云、邓芝占据了箕谷，作为疑军为诸葛大军攻取陇右争取时间。魏国得知诸葛亮又兵出箕谷，果然上了他的声东击西之当，派出了大将军曹真率领大军阻挡。赵云所领兵弱，面对曹真大军自然抵抗不了，因此很快便兵败下来，失利于箕谷。所幸赵云身经百战，随即聚拢部队固守箕谷，才没有造成太大的损失。

赵云此战中不负诸葛亮重望，以小兵力成功牵制住曹魏的大军，为诸葛亮在陇右战争的顺利展开争取了条件。如果说诸葛亮的这招类似田忌赛马以己弱对敌强的招数为自己出祁山取陇右提供了理论上的可能，那么赵云则是在实战上真正确保了这个理论的可行性。

战事至此，蜀军一方仍然掌握战争的主动权和优势。虽然如此，诸葛亮也不敢放松，他一听闻曹叡亲自到长安坐镇，大将曹真和张郃领兵前来御敌，知道又有一场苦仗要打了。箕谷这边有老将赵云牵制着曹真，用不着诸葛亮过于担心。至于对冲着自己来的张郃军，诸葛亮就要费点脑筋了。

当时蜀国有一个地方名叫街亭，是关陇大地的咽喉之地，其所处位置是一个绝佳的战略要地。视野开阔，交通方便，地势险要。所以街亭的战略地位十分重要，是历代兵家必争之地。当时魏延领兵在前，诸葛亮领兵在后，两军的咽喉之地便是街亭。诸葛亮自也明白张郃是有勇有谋的大将，因此他当时就料想张郃必定出兵街亭，企图切断魏延和他的联系，所以他必须派出一个将领去守住街亭这个军事重地。诸葛亮防守街亭的想法是正确的，可是将领的选择却令人不得不惋叹诸葛亮的眼光。众观部下将领，实战丰富的魏延便是最佳人选，"时有宿将魏延、吴壹等,论者皆言以为宜令为先锋"(《三国志·蜀书·马良传》),然而诸葛亮却放弃了这个曾经被刘备以汉中托之的大将,找了一个从未上过战场的马谡。谨慎如诸葛亮,却做出如此大胆的决定,是他对马谡过于相信,还是对于自己过自信?

诸葛亮派出了马谡作为主将,领副将王平前往街亭设防。同时,诸葛亮命令高翔将军率领一支军队屯驻在临渭以北、街亭以南的列柳城,其目的是防备雍州刺史郭淮配合张郃的进攻,从临渭发起进攻。

马谡首次用兵,兴奋激动地接过诸葛亮的兵权,往街亭大踏步而去了。

马谡失街亭，孔明唱空城

诸葛亮不顾部下的议论，以马谡为先锋，令王平为副将，命其火速前往街亭防守。马谡接过兵权，感激诸葛亮对自己的看重，誓要为诸葛亮死守街亭。可惜，面对敌方大将张郃，没有实战经验的马谡则显得太嫩了。

马谡，字幼常，襄阳宜城（今湖北宜城南）人，是马良之弟。史称马谡"才器过人"，好论军计，诸葛亮由是对他倍加器重，经常引见谈论，自昼达夜，便是被称为蜀国四英之一的蒋琬也称赞马谡是"智计之士"。然而刘备却似乎对这个人不是很喜欢，就在刘备即将逝世前，他对诸葛亮说过这样一句话："马谡言过其实，不可大用，君其察之！"（《三国志·蜀书·马良传》）只是诸葛亮对马谡的器重使他忽略了将死之人的善语，而马谡的言过其实最后也果然让刘备预言中了。

街亭在祁山之北，北临渭水。渭水之北便是张郃部队来袭之处。诸葛亮的本意是安排马谡凭借渭水之险与北面越过陇山而来的张郃周旋，等待从前方北面退回的魏延，双方对张郃形成南北夹击，一举而败之，张郃若败，陇右唾手可得。可是马谡实在自大，居然异想天开，放弃诸葛亮的安排，不去坚守渭水，让出了渭水和祁山之间的大片平地，然后退至后面的祁山上防守。

王平见马谡如此安排，大惊，急忙往见马谡，一再劝阻马谡依渭水而守。王平对马谡讲解街亭的情况，说"街亭一无水源，二无粮道，若魏军围困街亭，切断水源，断绝粮道，蜀军则不战自溃"。然而马谡却自恃丞相重视，不顾王平的劝阻，他死记教条，以为兵居高处则可对战局一览无余，从而将战争的主动权紧紧地握在手里，却不懂得具体问题具体分析。如果张郃强行渡过渭水，驻扎在渭水与祁山之间，切断马谡的兵马在祁山上的供水，这样不但可以使自己的部队脱身，也可以将马谡部队困在祁山之上。

而张郃也确实这样做了，成功地将马谡的兵队困于祁山。马谡现在在祁山之上进退两难，没有水源，蜀军在山上极渴难耐，出现内乱之事也就在情理之中了。马谡见军队因缺水而军心涣散，不战自乱，知道局势已经无法挽回，只得弃军逃亡。张郃见马谡军兵败而逃，急忙乘胜攻击，蜀军已乱，更遭此冲击，几乎全军覆灭。

王平见马谡所统军队全军败逃，唯自己所领本部千余人，明显对抗不了张郃。因此王平以虚张声势之计，使得张郃疑蜀军前有伏兵，因此不敢往前追击。王平这才慢慢集合分散的军队，向诸葛亮大军处缓缓而退。

街亭就这样失守了，马谡在逃亡期间真当羞愧万分。不说守不住街亭一事，如若他不自作聪明，舍水上山，那么后人也只能赞叹魏国张郃毕竟是大将一名。可是他竟然不听安排，自大地按照自己的想法行事，致使后人对他的失败有话可说，非但为自己戴上了"纸上谈兵"的嘲讽帽子，还回报了看重他的诸葛亮一个重重的巴掌。

街亭失了，消息传到诸葛亮耳中，诸葛亮如受重击。面对街亭失守，"前无所据"的尴尬处境，诸葛亮深知此次北伐不能成功了。此时，又传来列柳城高翔军队被魏军郭淮所击破的消息，再回看箕谷赵云也抵抗不了曹真大军的军势。至此，蜀军已经失掉了所有有利形势，无奈之下，诸葛亮也只好引兵退回汉中。

在退兵途中，诸葛亮见唯有箕谷一军退兵时编制之整齐一如出军之时，因此他询问邓芝是如何做到的。邓芝回答诸葛亮是因为有赵云将军亲自断后，因此编制整齐，军资遗失甚少。诸葛亮于是下令将军中多余的绢布分给赵云部队将士，然而赵云却拒绝受赏，他认为军事失利不宜受赏，请求诸葛亮先将物资储存起来，等到冬天再发给大家。赵云之品行如此，实在令人赞赏。蜀建兴七年（公元229年），一代英将赵云病逝，受封为顺平侯。

诸葛亮退回汉中后，自知引领大军北伐却无功而返，实在有愧于蜀国上下，兼之街亭的失守虽直接归咎于马谡，但实际追究起来，自己作为统帅才应该负有最大的责任。因此诸葛亮回汉中后第一件事就是上表向后主陈述自己的过错，随后自贬三级，赵云亦贬为镇军将军，王平因有进谏之功而被提拔。而对于临阵逃脱、弃士兵于不顾的马谡，虽诸葛亮仍对其器重，但为严守军令，也只得按军法将其斩杀。

对于诸葛亮斩马谡一事，裴松之引《襄阳记》注《三国志》是这样记载的："十万之众为垂涕。亮自临祭，待其遗孤若平生。"后世艺术家以这短短几句，大展想象之能力，对其进行了精彩的文学渲染，因此留下了脍炙人口的"诸葛亮挥泪斩马谡"。当然，文学不可当真，关于诸葛亮斩马谡的史实记载，非但和艺术作品相差甚远，甚至因其本身之模糊性都不足以使它成为一个完整的故事。

在《三国志·蜀书·向朗传》里有记载，当时向朗作为丞相长史，和马谡向来交好，因此，"谡逃亡，朗知情不举，亮恨之，免官还成都"。这段记载明显表明了当时街亭失守后，马谡并没有主动投案自首，相反的，他畏罪潜逃了！而向朗是知道马谡跑去哪的，却知情不报，因此被诸葛亮免职了。

而在《三国志·蜀书·马良传》里，裴松之注引《襄阳记》中说了，马谡在其临死前曾写信给诸葛亮，说"明公视谡犹子，谡视明公犹父，愿深惟殛鲧兴禹之义，使平生之交不亏于此，谡虽死无恨于黄壤也"这一段说明了一点，便是马谡在临死前都未曾与诸葛亮见过面聊过天，否则哪需要写这样一封信呢？

回观《三国志·蜀书·马良传》里关于马谡之死的记载是这样的：谡下狱物故。物故，即是病死。可见马谡是病死于狱中的，而他在死之前甚至未能与诸葛亮见一次面。

可是，我们看到《三国志·蜀书·诸葛亮传》里却说诸葛亮"戮谡以谢众"。而《三国志·蜀书·王平传》里更记载了："丞相亮即诛马谡及将军张休、李盛。"这里又明确了马谡是被诸葛亮以军法处置而死的。那么马谡到底是怎么死的？若要对两处的记载做到不偏不倚，那么我们可以得到一个结论，即是马谡逃亡后被抓捕回狱中，因其在防守街亭的任务中失利，导致北伐大军兵败而归，所以诸葛亮便准备以军法处置他。然而诸葛亮还没来得及处刑，马谡却早已病死于狱中了。而后，诸葛亮观马谡之遗书，心中大恸，便为之亲自祭奠，并且流下了怜恤之泪，引得十万之众感动于丞相的用情，遂也随之泪流而下。

不管马谡是怎么死的，诸葛亮颇惜马谡之死却是真的。马谡此人虽然因一时自大而失守街亭，却也不能一概而否定之。当初诸葛亮南征孟获时，马谡提出的"攻心为上"便是一个极佳的策略，如若马谡得以多经历几场实战，那成为诸葛亮的军事继承者也不是不可能的。兼之蜀国当时的人才资源有所欠缺，因此马谡之死无论对于诸葛亮，还是对于蜀国都不得不说是一个大的损失，无怪乎诸葛亮要含着眼泪下达军令了。

诸葛亮第一次出兵祁山，本可以大获全胜，可惜，前锋马谡不听裨将军王平的规劝，大军在街亭败在了张郃手下，死伤惨重。司马懿得知，也乘势率领大军十五万向诸葛亮所在的西城小城蜂拥而来。

当时诸葛亮身边没有大将，只有一班文官，他所带领的五千士兵，也有一半运粮草去了，只剩一半士兵留守城池。众人听到司马懿前来的消息都大惊失色。诸葛亮登城楼观望后，对众人说："大家不要惊慌，我有对付司马懿的办法。"

诸葛亮下令把能找着的能飘起来的旗子都挂出来，然后又下令打开东南西北四个城门，士兵都躲起来，只剩几十名士兵打扮成百姓模样，沿街打扫。诸葛亮自己穿上大袍子，头戴上高纶巾，带上一张木琴，领上两个小书童，就在城上望敌楼前坐下来，静心弹琴。

尘土自远处飞扬而至，夹杂着司马懿得意忘形的笑声，今天可是他成就功业的最好时机。诸葛亮成了光杆儿司令，想到他马上就会成了自己的战俘，无论是谁都会高兴得冲杀在最前面。

司马懿第一个冲到城下，见了大开城门的气势，大惊道："这怎么可能？"便勒马止步，不敢轻易入城，抬头却看见诸葛亮端坐在城楼上，正在笑容可掬地弹琴。右面一个书童，手里捧着拂尘；左面一个书童，手里握着宝剑，脸上都是怡然自得的神情。城门内外，二十多个百姓模样的人在洒水扫地，旁若无人。

这俨然是一座空城！但是蕴涵着巨大的杀机！

司马懿观察半天后下了这个判断，便令后军改作前军，快速撤退。他的二儿子司马昭说:"父亲怎么不攻进去试试?说不定是诸葛亮那厮城中无兵,故意弄出这个样子来骗我们!"

司马懿说:"诸葛亮一生谨慎,怎肯冒险?现在城门大开,里面必有埋伏,我们要是进去了,正好中了他的圈套。还是快撤吧!一会追兵出来了死得更惨!"各路兵马一听说,都使出了吃奶的力气回撤,争先恐后,生怕死得最惨的那个是自己。

一刹那,西城又恢复了平静。诸葛亮擦拭脸颊的汗水,感叹狡猾的司马懿错过了一个大好机会。

机会难得，再来一次

魏太和二年（公元228年）冬天，诸葛亮进行了他的第二次北伐。之所以会开始第二次北伐，是因为此时在魏国和吴国之间发生了一场战争，致使魏国将其注意力转移到了吴国，其关中兵力空虚，使诸葛亮有机可乘。

魏、吴两国对江淮地区的争斗从未停过，彼此都等待着一个时机可以歼灭对方的主力。当时曹休因曹丕南征顺利突破东吴而官封扬州牧，迁大司马，成为曹魏军队的最高统帅，屯驻于魏国东南边境以防止东吴进犯。另一边，诸葛亮北伐期间，一直约吴国一起吞并魏国，而孙权看着诸葛亮在魏国西南边使劲地往魏国凿洞而进，心想这确实是一个好机会，不仅自己有机会夺得魏国的扬州一带，还给盟友做了个人情。然而孙权多次亲征合肥，却都是无功而返，在这种情况下，如果能用计诱敌深入，不失为另一种好战略。因此孙权就想了一个办法，他知道曹休此时急欲建功,要引诱他的机会将更大,因此他命鄱阳太守去诈降曹休。

当时吴国的鄱阳太守叫作周鲂,字子鱼,吴郡阳羡县(今江苏宜兴)人。史载他少年好学,曾被举荐为孝廉,颇有施政和军事才能。曾任宁国长,后来因功绩突出,又被任命为鄱阳太守。

说起周鲂,演义里有一节题为"周鲂断发赚曹休",乍一看一个"赚"字,忽觉周鲂此人不是个能小瞧的人。事实上,周鲂虽说不是功绩丰满,却也是一个颇有能力的将领,《三国志·吴书·周鲂传》说他是"百举百捷",也就是做一百件事成功一百件,这对于一个人来说,已是极高的赞誉了。当然,这种近乎神的赞誉我们已然无法去验证,但是我们可以知道的是,周鲂这次真的成功了。

周鲂接到孙权的命令后,立即思考对策来诈降曹休。他先是派出亲信带着自己的书信去诱骗曹休。书信称自己得罪了吴王孙权,祸在眉睫,有弃吴投魏的想法,愿为曹休内应,助魏取东吴。与此同时,为了使戏更加真实,孙权还不时写书信斥责周鲂,君臣二人就这样一起上演了一场苦肉计。

降书来到了扬州,曹休一看,虽心有几分欣喜,却也不免迟疑,毕竟来得如此之容易的肥肉自然要防着点。因此曹休派出了几位部下去诘问周鲂,"频有郎官奉诏诘问诸事"(《三国志·吴书·周鲂传》)。周鲂见曹休虽心有疑虑,但频繁派人来却也透露了他的心动,因此他明白必须来点狠的,让曹休对他完全信任。那要怎么做呢？周鲂想到了断发。

孔子说过："身体发肤，受之父母，不敢毁伤，孝之始也。"《三国演义》里记载的夏侯惇有"拔矢啖睛"的勇气，便是来自这种思想的激励。又有曹操割发以代首，更足以看出身体发肤之重要。如此说来，谁能拿自己的头发来开玩笑呢？周鲂便是抓住了这点，于是亲自来见曹休所派之人，在他们面前剪断了自己的头发以表心意。这事传到了曹休耳中，曹休心中一动，想到周鲂如此果决，自己又如何能再怀疑他呢？便不再怀疑了。

中计后，曹休攻打东吴的提议得到批准，决定于魏太和二年（公元228年）冬天率领骑兵步兵共十万往皖县（今安徽潜山县）去接应周鲂。同时魏明帝又派贾逵督前将军满宠、东莞太守胡质等四支军队从西阳攻打东关，司马懿则率兵攻打江陵。尚书蒋济进谏魏明帝，提醒他上游的吴将朱然的部队可能会使曹休背后受敌，也可能向东进发阻断曹休的退路，建议派兵增援曹休。魏明帝于是诏司马懿停止进军，而让贾逵东进与曹休联合。

当时，琅琊太守孙礼劝谏曹休切忌孤军深入，然而曹休依仗周鲂的接应，加之立功心切，遂没有听从孙礼的规劝，自己领兵深入吴地，来到了石亭。另一边，孙权进军皖口（今安徽怀宁皖水入江处），陆逊、朱桓、全琮的三万精兵在石亭（今安徽舒城境）阻击曹休。曹休的军队刚到石亭，便遭遇了陆逊、朱桓、全琮部队的袭击。由于曹休大意，没有做好防备工作，受到袭击后一时不知所措，竟交战不利，慌忙退兵。然而由于地势问题，魏军退却时十分缓慢，被其后紧追的吴军斩杀万余人，丢弃军械车马无数。曹休奋力突围至夹石，然而此处的退路却早已被孙权所阻断。曹休此时往前没有了退路，而后面又有追兵穷追不舍，军心早已涣散。

贾逵接到明帝的命令令其东进与曹休会合时，便料到了东吴必将军队集中在皖城，而曹休如孤军深入必败无疑，果不其然。然而虽然曹休军已败，部下将士又多不敢下定决心前往冒险救援，贾逵却说："休兵败于外，路绝于内，进不能战，退不得还，安危之机，不及终日。贼以军无后继，故至此；今疾进，出其不意，此所谓先人以夺其心也，贼见吾兵必走。若待后军，贼已断险，兵虽多何益！"（《三国志·魏书·贾逵传》）贾逵这观点是较有见地的，他立即指挥军队倍道兼程，赶到了夹石附近。

贾逵来到了夹石附近后，他命士兵们在山口要道上立起很多旗子，然后留下少数士兵不停地打鼓来作为疑兵，自己亲率大队人马迎战吴军。吴军见多面旗帜飘扬，兼之鼓声如雷，以为魏国来了救援大军，遂不战而迅速撤离战场，贾逵因此救出了被困住的曹休军队。

曹休兵败回扬州后，一面上书向魏明帝谢罪，一面却当面埋怨斥责贾逵部队来得太慢，致使自己所领大军兵败至此。曹休骂贾逵，不过是为自己的失败寻找另一个借口，从而也使自己的羞愧可以减少。贾逵听后，感到莫名其妙，但他自认心中无愧,遂带着军队独自退还。在此之前,曹休一向瞧不起贾逵。当初,曹丕曾想授予贾逵符节,然而终究因为曹休从中作梗,此事遂罢。到了石亭之战时,贾逵却不计前嫌,冒险东进援救曹休,其气量也着实令人佩服。加之石亭之战中,贾逵凭己之力大有力挽狂澜之势,也足以令人对其军事才能感到敬佩,无怪乎曹魏有四帝对其都有正面的评价。

而后曹休又上表弹劾贾逵,贾逵得知,也上表弹劾曹休。魏明帝看了两份弹劾表,心知贾逵为人正直,错当在曹休,然而曹休身为宗室重臣,自己如何能得罪他?因此魏明帝判定二人均无过错,遣使抚慰曹休,对其礼节赏赐更加隆重。曹休见此,颇感悔恨,竟痛发于背,不久便病死。

石亭之战以魏国兵败为终,此场战争中,虽说是陆逊等将领直接打击了曹休,使其兵败而归,然而若没有周鲂以断发来坚定曹休出战的决心,那又谈何击败魏军?周鲂的断发也使其成为在三国历史上继曹操之后第二个以断发来作为计略的人,这向世人表明了他是一个懂得变通而非因循之人,就凭这点,对周鲂的赞誉想来也不至于过分。

石亭之战中,吴国大败曹休,再次给魏国带来了一个不可小觑的威胁,也向天下证实了吴国的力量已足以鼎立一足。因此,石亭之战后一年,也就是魏太和三年(公元229年)四月,孙权于武昌正式称帝,国号吴,改元黄龙,史称东吴大帝。同年,蜀国派出陈震与吴缔结了"中分天下"的盟约。

另一方面,石亭之战对于蜀国也颇有意义,它为蜀国吸引了魏国的眼光,为诸葛亮的第二次北伐创造了条件。而诸葛亮也瞅准了这个机会,继续他的北伐行动。

先把陈仓围起来

魏太和二年（公元228年）冬天，周鲂断发诈降曹休，致使曹休在石亭大败。魏太和二年（公元228年）十一月，蜀国得知"魏兵东下，关中虚弱"，这时蜀军早已恢复了兵力和军心，"戎士简练，民忘其败"（《汉晋春秋》），诸葛亮遂决定对魏国进行第二次征伐。

关于第二次北伐，历史上留下了一篇上表，也就是现存的《后出师表》。然而《三国志》并无记载此事，而裴松之更引用《汉晋春秋》的说法，认为《后出师表》并无收录于《诸葛亮文集》中，而是出自东吴张俨的《默记》。因此，此表是否为诸葛亮所作还有待商榷。

诸葛亮的第二次北伐，其攻略目标和第一次有所不同。第一次北伐主攻偏远的陇右，第二次，诸葛亮决定直接攻打关中。因此诸葛亮选择从散关（今陕西宝鸡南）直上夺取陈仓（今陕西宝鸡东)。战略目标之所以改变,一是因为曹魏吃了第一次的亏,已然懂得在陇右加强防备。二是曹魏大军东下,关中防备虚弱,那自然是直逼关中,而且要越快越好。正如诸葛亮在给其兄诸葛瑾的书信中所说:"有绥阳小谷,虽山崖绝险,水纵横,难用行军,昔逻候往来要道通入。今使前军斫治此道,以向陈仓,足以攀连贼势,使不得分兵东行者也。"(《三国志·蜀书·诸葛亮传》)

此时镇守雍、凉二州的曹真大将军早就料得诸葛亮必定再度进攻,而且从武都(今甘肃成县西)出散关取陈仓是诸葛亮极可能采取的进军路线。所以曹真就派了两个将军去修复陈仓城,以此来加强防御。以散关之险,若能凭险设防,料诸葛亮也难以继续前进,而曹真却没这么做,考虑其精通军略,战争经验又如此丰富,不禁令人百思不得其解。

当然,曹真设防陈仓倒也不仅仅是为了防御诸葛亮的进犯。陈仓属魏国扶风郡,位于平原地带。东面即是长安,是关中东北、东南的重要门户。且此地有渭水流经,运送粮草非常方便。基于此,若控制住了陈仓,便可以保证整个雍、凉地区的安全,所以曹真的考虑还是较为全面的。

那么曹真在陈仓设防,他安排镇守陈仓的武将又是谁呢?他就是郝昭。

郝昭,字伯道,太原人。史载他"为人雄壮,膂力过人,双带两鞬,左右驰射"。(《三国志·魏书·郝昭传》)郝昭少年从军,屡立战功,逐渐晋升为杂号将军,镇守河西,后经曹真举荐,镇守陈仓。

郝昭刚到陈仓上任没几个月,诸葛亮便带着他的数万蜀军兵临城下了。而此时的郝昭所领军队不过三千,关中主力尚在荆州战线,虽说长安还有士兵,然而长安士兵镇守自己的城池都来不及了,又如何能出兵援救陈仓呢?诸葛亮看郝昭并非有名大将,其所领士兵与自己相差甚远,因此对于攻克陈仓可以说是信心满满。诸葛亮先派出前锋魏延攻打,然而魏延却连日无功,回复诸葛亮说陈仓难以攻克,诸葛亮大怒欲斩魏延,此时却有一个人站了出来,说他愿意去说降郝昭。诸葛亮心想,既然实力相差如此之大,想来郝昭也不会过于强硬,如能不战而屈人之兵,那自然是最好的,因此诸葛亮答应了这个人的请求。

这人叫作靳详,是郝昭的老乡,诸葛亮兵围陈仓,派出他在城外对着郝昭劝降。然而郝昭并不吃诸葛亮这一套,未战便降,岂是大丈夫所为?因此郝昭立于城楼上大声回复靳详,说:"魏家科法,卿所练也;我之为人,卿所知也。我受国恩多而门户重,卿无可言者,但有必死耳。卿还谢诸葛,便可攻也。"此言大义凛然,不仅我们听了会对其起立鞠躬,便是诸葛亮也对其有了兴趣,于是叫靳详再去说降。然而郝昭心意已决,他坚定地对靳详说:"前言已定矣。我识卿耳,箭不识也。"(《三国志·魏书·郝昭传》)靳详不得已,只得回复诸葛亮。

诸葛亮见郝昭是条汉子,明白劝降之计已不可行,事到如今,也只有继续用兵了。于是,诸葛亮第二次北伐中的陈仓围攻战便正式开始了。

诸葛亮先架起了云梯、冲车攻城，城内便开始放火箭，云梯被烧，城墙上扔下的巨石又砸毁冲车。诸葛亮见此法不行，便用井阑射箭掩护士兵填平护城河，企图直接爬墙。郝昭建起内墙，诸葛亮的这个方法再次失败。后来，诸葛亮又想到了挖地道直通城中。郝昭随即在城内挖了壕沟，挡下了地道。

此次围攻战实在精彩，郝昭见招拆招，凭一己之力成功地抵挡了诸葛亮的进攻。就这样相持了二十多日，诸葛亮已然无计可施。正值诸葛亮遇到瓶颈之际，又听闻曹真派出了费耀等人前来解围，张颌也奉命前往陈仓阻击蜀军，又加之此时蜀军在运送粮食上出现了问题。各种困难一时而至，诸葛亮明白这种时候自己不退兵是不行了，只得对天长叹，命令撤兵。

魏国援兵来到，见诸葛亮已往蜀国撤退，急忙派将追击。这个追击的大将叫作王双，正史记载不多，演义却将其塑造成一位猛将。再说王双看诸葛亮撤退，以为有机可乘，急忙率兵前往追击。然而他却忘了诸葛亮是个很谨慎的人，便是撤退，诸葛亮都要很小心地保全着这支蜀国大军，毕竟夷陵惨败后，仅存的国防力量只在此了，难怪围攻陈仓时，诸葛亮都尽量避免使用士兵，物资可重置，人无法再生。因此诸葛亮在退军的途中埋下伏兵，这必让来追击的魏国士兵有来无回。而这个倒霉鬼就是王双，王双一味往前追击，很快便受到蜀军的伏击，全军而败，自己更因此战死于沙场。

诸葛亮成功击退了魏军的追击，退回了蜀地。这便是诸葛亮的第二次北伐,此次北伐又是无功而返,真要说起,其功劳也就是斩杀了王双,另外,累死了郝昭。郝昭虽成功抵挡了诸葛亮的攻城,受到了曹叡的嘉许,赐爵关内侯,然而二十多天的相持终究使其过于劳累而病倒,毕竟对战诸葛亮,要花的心思是挺多的。待到曹叡正要重用郝昭时,他刚好因病而亡了。看来,陈仓防卫战是郝昭一生的唯一辉煌,也是郝昭用生命之火所点燃的辉煌,若不是郝昭小心翼翼地防守着诸葛亮大军的来犯,只怕关中地区在诸葛亮第二次北伐后将不再姓魏。郝昭,可堪曹魏的救星。

诸葛亮此次征伐,让曹魏方面失去了两位大将,而曹魏方面在陈仓这边的胜利又恰可平衡荆州失利所带来的低落情绪,这么说来,诸葛亮的第二次北伐实在是皆大欢喜,就好像蜀国和魏国相约玩了一个游戏,各捡了一些便宜回家。

当然,诸葛亮也不会那么容易放手,他的北伐瘾不久就又上来了。

二郡到手

魏太和三年（公元 229 年）春天，魏国刚从陈仓守卫战的小胜利中缓了一口气过来，边境却又传来了一个令人冒汗的消息：诸葛亮又进犯了！

诸葛亮又进犯了，魏人实在难以理解这个蜀相竟然有如此毅力，自己不休息也就算了，还搞得魏国上下的心随着他的进退而上下波动。这不是一个爱好战争的穷兵黩武者，就是一个责任心无比强大的忠臣，魏国人这样猜测着诸葛亮。然而不管诸葛亮到底是个怎么样的人，不管他的北伐是为了满足自己用兵的欲望，还是肩负着先帝恢复汉室的宏愿，总之，他又一次北伐了。

这次北伐，历史记载不多，零星记载如下：

《三国志·蜀书·诸葛亮传》记载："（建兴）七年，亮遣陈式攻武都、阴平。魏雍州刺史郭淮率众欲击式，亮自出至建威，淮退还，遂平二郡。诏策亮曰：……今复君丞相，君其勿辞。"

《三国志·蜀书·后主传》记载："七年春，亮遣陈式攻武都、阴平，遂克定二郡。"

《资治通鉴·魏记三》记载："（太和）三年春，汉诸葛亮遣其将陈式攻武都、阴平二郡，雍州刺史郭淮引兵救之。亮自出建威，淮退，亮遂拔二郡以归；汉主复策拜亮为丞相。"

这三个记载如出一辙，因此诸葛亮的第三次北伐似乎争议不大，其实看完诸葛亮的行军路线和战后所得，也就可以明白为什么魏国一方对这场战争无所记载，因为它对于魏国的影响实在可说是微乎其微。

诸葛亮此次的进攻目标又有所改变，不是第一次的陇右，也不是第二次的关中，而是武都与阴平二郡。为夺得这两郡，诸葛亮是这样安排他的北伐路线的：兵分两路，一路由将军陈式率本部数千人进军武都（今甘肃成县西）、阴平（今甘肃文县西北）；一路由诸葛亮亲自率领，随后出建威（今甘肃成县西），鉴于由诸葛亮所统，估计兵力当在万人以上。

武都郡在秦岭以西，地形复杂险峻，从武都可直接通往陇右祁山、关中和汉中阳平关，相对于秦岭地形而言，是更适合作战的地点。武都原来主要居住着少数民族，后来在曹操撤退汉中时，考虑到该地距离魏方防线过远，难于掌控，于是采纳了张既的建议，将该郡五万余人全部迁往关中等地，史见于《三国志·魏书·张既传》。所以此时的武都郡没有魏军把守，更少有百姓居住，实属于魏国的无人区，是极其荒凉的边境之地。

阴平郡非常不利于行军作战，这里地势险峻，交通不便。阴平郡本为一个县，后由曹操改为郡。同武都郡一样，由于位置偏僻，人烟稀少，距离魏军防线之远较之武都郡是有过之而无不及，因此也被魏国弃为无人区。

可见这两个地方对于魏国来说是可有可无之地，一直以来，魏国都不是很重视。然而虽说不是很重视，却也不至于拱手相让。因此镇守雍州的魏国大将郭淮一听说诸葛亮派出陈式来夺武都、阴平二郡，立即领兵来救。可郭淮军还未到战场之上，便得到了诸葛亮正亲率大军往建威（今甘肃成县西）进发的消息，建威位于武都、天水交界处，再往北就是祁山。郭淮得知诸葛大军往建威进发，深知自己敌不过诸葛亮，担心被诸葛亮从建威包抄，从而断了自己的后路。因此郭淮只得命令停止进军，全军撤退。郭淮退兵后，陈式轻而易举地拿下了武都、阴平二郡。

随后诸葛亮进入二郡，安抚了当地仅存的少数氐人、羌人，留兵据守后便自己率军返回汉中了。

到此为止，诸葛亮的第三次北伐没发生过任何大型的正面争斗，魏国得知郭淮撤退、二郡被夺后也没有派出援兵来救，足可见魏国对于蜀国占领二郡的行为不屑一顾。虽说二郡对于魏国来说意义不大，然而对于蜀国来说还是多少有点作用的，起码可以扩大蜀国的地盘，作为基本防线的前卫。

其实，诸葛亮也明白二郡对于曹魏的意义，那他又为什么会笨到去夺取人家不屑一顾的城池呢？结合前两次北伐，诸葛亮的战役都以占领魏国的土地或战略要点为目标，然而前两次的计划都宣告失败。因此此次诸葛亮学乖了，他明白魏国之地一时难以攻下，倒不如先有目的地歼灭魏军，削弱魏军的力量后再行夺地之事。

所以诸葛亮派出了将军陈式率领少量军队进军二郡。而陈式是什么人？历史对其记载寥寥，只有汉中争夺战时于马鸣栈道被徐晃打败一事，而后便是跟随刘备进行伐吴，与吴班同领水军。可见陈式早在刘备时代便被点用，然而终究没有立下大功劳，因此陈式的名气并不大。而敌将郭淮当时已经是曹魏大将，如果诸葛亮真要夺取二郡，大可派出魏延此等可与其齐名的大将，或者自己领大军直逼二郡，那二郡也是唾手可得。可是他却派出了名气不大的陈式，因为他料定郭淮看到蜀军将弱兵微，必定会出兵相救。与此同时，自己趁机领主力悄悄进到祁山和二郡之间的建威，切断郭淮军的后路，从而将其歼灭。这便是诸葛亮此次出兵的目的。可惜郭淮提早得知了诸葛亮进军建威的消息，又果断地退兵祁山，才避免了全军覆没的结局。

当然，这是一种猜想，我们也可以猜想，诸葛亮此次的出军将目标放在了容易取得的二郡之上，不过是他为弥补连续两次北伐失利而做出的一点补偿。毕竟，经常性的失败对于人的信心和耐心都是无益的，因此诸葛亮为避免穷兵黩武的恶评才实行了他的第三次北伐。如此看来，诸葛亮因成功攻取了武都、阴平二郡，从而因功官复丞相，更是进一步安抚蜀地百姓的计策了。看来，诸葛亮的第三次北伐无论对于他自己，还是对于蜀国而言，都是令人欣喜的。

蜀国，作为一个较之魏国还小的国家，却不甘于偏安一方，反而频频骚扰着这个三国之中最有实力的国家，令魏国烦躁不安。因此，在诸葛亮的三番五次的挑逗下，不堪侵扰的魏明帝终于决定出兵蜀国，他誓要让诸葛亮看看，魏国的土地绝对不是他诸葛亮所能随意往返的。

因此，曹真、司马懿、张颌这几位曹魏阵营中的主力，领着大军往蜀国浩浩荡荡而来了。